REIS IN NEPAL

GUSTAVE LE BON

I

De zending in het belang der archeologische studiën, mij door den minister van Openbaar Onderwijs opgedragen, bracht van zelve mede, dat de minst bekende streken van Indië achtereenvolgens door mij werden bezocht.

Geen dezer landstreken wekte in hoogere mate mijne nieuwsgierige belangstelling dan het geheimzinnige Nepâl. Ik wist dat dit oude rijk, door de reusachtige bergketenen van de Himalaya van alle omringende landen afgesloten, tot de schilderachtigste en indrukwekkendste streken der wereld mag worden gerekend; dat men daar allermerkwaardigste steden vindt, welker fantastische architectuur hemelsbreed verschilt van al wat het Westen ons te aanschouwen geeft. Maar ik wist ook dat de toegang tot dit land bij uitstek moeilijk is, en dat een streng verbod, door de

britsch-indische regeering stipt geëerbiedigd, aan elken Europeaan, met uitzondering van den britschen gezant, dien toegang ontzegt, zonder eene uitdrukkelijke vergunning van den koning: welke vergunning niet dan bij hooge uitzondering wordt verleend. Jaquemont had in der tijd van zijn voorgenomen bezoek aan Nepâl moeten afzien, en tot dus ver was nog geen enkele Franschman in dat land doorgedrongen. Eerst na langdurige diplomatieke onderhandelingen en dan nog slechts ten gevolge van de tusschenkomst der invloedrijkste personages, was het, nu eenige jaren geleden, den duitschen reiziger Schlagintweit gelukt, de grenzen te overschrijden. Natuurlijk werd mijne begeerte om dat merkwaardige land te leeren kennen, door al deze moeilijkheden nog te meer geprikkeld.

Ik zal de lezers niet vermoeien met het verhaal, hoe al deze bezwaren achtervolgens werden uit den weg geruimd, dank zij de tusschenkomst van verschillende hoog geplaatste personen. De regeering van den onderkoning verleende mij bij deze gelegenheid dezelfde bereidwillige medewerking, die ik gedurende mijn geheele verblijf in Hindostan van haar mocht ondervinden; de onderhandelingen met het hof van Nepal werden door haar gevoerd.

De laatste engelsche stad van Hindostan, in de nabijheid van de grens van Nepal, is Motihari; ik was van Patna derwaarts gegaan. Daar moest ik de noodige toebereidselen voor de reis maken en de veertig dragers bijeen zien te brengen, die ik noodig had, om de onmisbare bagage en mondbehoeften over de Himalaya te brengen. Motihari is eene kleine stad, voornamelijk bewoond door rijke indigoplanters. Een hunner, de heer Edwards, dien ik bij toeval ontmoet had, ontving mij met die vorstelijke gastvrijheid, die aan alle aanzienlijke Engelschen in Indië eigen is.

De Europeanen, die slechts de groote hoofdsteden van Indië, Bombay, Delhi, Calcutta en andere, aan de groote spoorweglijnen gelegen, bezocht hebben, kunnen zich geen denkbeeld vormen van de moeilijkheden en bezwaren, aan een ontdekkingstocht in Hindostan verbonden. De belangrijkste monumenten liggen voor het meerendeel te midden van woeste jungles, waar het wemelt van wild gedierte en waar hoegenaamd niets te vinden is van hetgeen men voor zijn onderhoud behoeft. Ge moet dus alles zelf medenemen: van het meel om uw brood te bakken tot alle benodigdheden voor het kamp. Om al deze bagage te vervoeren, staat u geen ander middel ten dienste dan de olifanten of de paarden, die de inlandsche vorsten of de gouverneurs der provinciën alleen in staat zijn u te bezorgen. Den aan zich zelven overgelaten reiziger is feitelijk de mogelijkheid afgesneden om zich van de aangewezen banen der groote wegen of der spoorlijnen te verwijderen. Dit is mede een van de redenen, waarom de oude monumenten van Indië zoo weinig bekend zijn, zelfs bij de in het land gevestigde Europeanen. De monumenten van Ajoenta en Kharoejao, om alleen maar van de beroemdste te spreken, worden hoogstens door een enkel reiziger per jaar bezocht. Oedeypoer, eene van de merkwaardigste hoofdsteden der indische vorstenlanden, ziet ongeveer om de drie jaar een Europeaan binnen hare muren verschijnen.

Door de afwezigheid van den engelschen gezagvoerder te Motihari, kon ik niet dan met moeite een veertigtal ellendige kerels bijeenbrengen, die mij als dragers zouden dienen. Zeker had ik niet gaarne in Europa, op een eenzamen weg een dier lieden ontmoet, in wier gezelschap ik nu vele dagen en nachten zou moeten doorbrengen te midden der wildernissen van de Himalaya. Maar op mijne verre zwerftochten had de ondervinding mij geleerd, dat zekere fatalistische berusting nog de beste wijsbegeerte is: ik nam dus nu ook genoegen met mijn onpleizierig gevolg.

In de eerste dagen van Januari 1885 vertrok ik van Motihari. De afstand van deze stad tot Khatmandoe bedraagt ongeveer honderd-drie-en-zestig kilometers; de weg loopt voor verre het grootste gedeelte over de takken van de Himalayaketen, die de vallei van Nepâl ten zuiden begrenzen. Men doet de reis gedeeltelijk in een palankijn, gedeeltelijk in eene soort van hangmat, dandy genaamd, welke door vier mannen gedragen wordt, die op smalle paden, zoo noodig, op eene rij achter elkander kunnen gaan. Het aantal dragers, dat men voor de geheele reis noodig heeft, bedraagt zoowat veertig, want men moet alle behoeften medenemen, aangezien onderweg niets te bekomen is. Zij loopen voortdurend op een draf en wisselen, al loopende, elkander om de vijf minuten af.

Het gevaarlijkste gedeelte van de reis is buiten kijf het dichte, zeer vochtige en moerassige woud van Teraï, aan den voet van de Himalaya.

Wanneer men des nachts door dit woud trekt, steekt men een aantal flambouwen aan, om de wilde dieren, die hier buitengemeen talrijk zijn, op een afstand te houden. Het woud begint bij het dorp Semelbasa. Mijne dragers, voorgevende dat zij flambouwen gingen koopen, lieten mij een ganschen nacht in het bosch alleen: zeker in de hoop dat de tijgers en panters den reiziger zouden verslinden, maar de zakken met roepijen, die hij bij zich had, ongedeerd zouden laten. Ik stak een aantal kaarsen op, en stelde mij daardoor in veiligheid tegen het verscheurend gedierte. Mijn beschermengel behoedde mij voor de kwaadaardige miasmen, waarvoor ik banger was dan voor tijgers. Ik gebruikte den palankijn als lessenaar en bracht den nacht schrijvende en lezende door, om toe te zien dat de kaarsen niet uitgingen; en toen tegen den morgen mijne vriendelijke dragers terugkwamen om te zien of er nog eenige kluifjes van den Europeaan waren overgebleven, bracht ik hun met korte maar krachtige woorden aan het verstand, dat een revolver een uitmuntend middel is om onwillige koelies tot hun plicht te brengen.

De twee passen van de Himalaya, die men moet overtrekken om de vallei van Nepâl te bereiken, de passen van Sisaghiri en Sjandragari, zijn buitengewoon lastig en moeilijk. Bij herhaling voert de tocht over uiterst smalle paden, in de steile bergwanden uitgehouwen, en waarnevens diepe afgronden gapen. Het prachtig panorama echter, dat zich op deze hoogten voor het oog ontrolt, gaat alle beschrijving te boven. De half in wolken gehulde, schemerende toppen van de Himalaya, waarboven de reusachtige massa van den Gaurisankar oprijst, vormen in het rond eene stralende kroon van smettelooze sneeuw, terwijl beneden groene wouden en bloeiende valleien zich uitstrekken. Bij dit ontzaglijk grootsche tooneel vergeleken, schijnen de schoonste landschappen van Zwitserland welhaast eene theaterdekoratie. Na de laatste bergketen te zijn overgetrokken, zagen wij voor onze voeten de vallei, waar, binnen een betrekkelijk klein bestek, de hoofdstad en de voornaamste steden van het land schier naast elkander zijn gelegen. Deze vallei is bij uitnemendheid vruchtbaar. De berghellingen waarlangs wij afdaalden, nu en dan snelvlietende beken doorwadende, waren met de schoonste boomen bedekt. Tusschen dit weelderig groen verscholen zich een aantal dorpen, die met hunne kleine tempeltjes, hunne fraai gesneden houten huisjes, bijna den indruk maakten van eene verzameling van pagoden.

Wij hielden onzen intocht in Khatmandoe, begeleid door het eskorte, dat de engelsche resident had afgezonden om ons te ontvangen. Eene talrijke menigte stond in de straten opeengepakt, wachtende op onze aankomst, die lang vooruit bekend en blijkbaar eene zaak van buitengewone beteekenis was. Om de woning van den resident te bereiken, moesten wij de geheele stad doortrekken; de lieden van ons eskorte deden hun uiterste best om de nieuwsgierigen, die ons schier verdrongen, op eenigen afstand te houden; maar vermaningen, bedreigingen en stokslagen baatten al even weinig.

Na mijne opwachting bij den engelschen gezant te hebben gemaakt, nam ik mijn intrek in eene tent, die ik buiten, op eenigen afstand van de stad, had laten opslaan. Ik zou daar goed gehuisvest zijn geweest, indien ik geen hinder had gehad van de koude nachten, en van de herhaalde bezoeken der jakhalzen, die mijn voorraad van eetwaren kwamen verslinden. Ik leefde hoofdzakelijk van hetgeen mijn bediende machtig kon worden, ondanks den weerzin der Nepaleezen om iets, hoe gering ook, aan een Europeaan te verkoopen. Van tijd tot tijd werden mij van het engelsche gezantschap levensmiddelen gezonden.

Geen enkel Europeaan, ook de engelsche gezant niet, mag in eene stad van Nepâl op straat verschijnen, zonder begeleid te worden door minstens twee soldaten van de keizerlijke lijfwacht, die u als uwe schaduw volgen en u, onder geen voorwendsel, een oogenblik uit het oog mogen verliezen. Naar het heet, moeten zij den Europeaan beschermen tegen de vijandelijke gezindheid der bevolking, maar inderdaad is het hun taak hem te bewaken. De soldaten die mij waren toegevoegd, waren mij intusschen van groote dienst, om de menigte op een afstand te houden, die mij aanstonds omringde, zoodra ik een of ander monument wilde onderzoeken, en waarvan sommigen tot op de daken der huizen klommen om mij gade te slaan. De soldaten hadden de handen meer dan vol om de nieuwsgierigen, die zich zelfs niet lieten afschrikken door de mildelijk uitgedeelde stokslagen, terug te dringen.

Die nieuwsgierigheid bepaalde zich ook niet tot de lagere volksklasse, te oordeelen althans naar de vele personen van allerlei stand, die ik telkens op mijn weg ontmoette. Om den engelschen gezant, die niet volkomen overtuigd scheen van het uitsluitend wetenschappelijk doel mijner reis, niet te kwetsen, had ik opzettelijk geen bezoek afgelegd bij den koning en zijne ministers; maar nu kon ik bijna geen voet meer op straat zetten, zonder dat een heer van het hof mij aansprak en mij, steeds op den meest beleefden toon, dezelfde vragen deed. De chineesche aangelegenheden wekten vooral de belangstelling der Nepaleezen, die meermalen met hunne geduchte naburen oorlog hebben moeten voeren. Ieder wist nu dat een machtige rajah van het Westen in een krijg met China was gewikkeld; het lag dus voor de hand dat wanneer een onderdaan van dien rajah in Nepâl kwam, dit met geen ander doel kon zijn dan om de regeering te bewegen, insgelijks aan China den oorlog te verklaren. Natuurlijk zou het vergeefsche moeite zijn geweest, een Nepalees te willen overtuigen dat een Europeaan zulk eene verre reis had gemaakt en over de gevaarlijke passen van de Himalaya was getrokken, met geen ander doel dan om de monumenten van zijn land te bestudeeren. Zelfs een statisticus van beroep--en zij zijn anders

5

voor geen kleintje vervaard--zou geen antwoord hebben kunnen geven op al de vragen, die mij aangaande den rajah der Franschen werden gedaan. Hoeveel soldaten had hij in zijne dienst? Bezat hij veel olifanten? Hoeveel tijgers had hij gedood? Hoe groot was het getal zijner vrouwen? Niet zonder moeite kon ik dezen braven lieden aan het verstand brengen, dat Frankrijk niet van Engeland afhankelijk was. Het spijt mij nog, dat ik hun niet heb verteld dat de rajah van Frankrijk des noods zelf de hoofden van zijn wederspannige ministers afslaat, met evenveel gemak als de beroemde nepaleesche minister Jang Bahadoer dit deed. De zwierige gemakkelijkheid, waarmede deze minister met eigen hand de lieden, die hem in den weg stonden, onthoofdde, verwierf hem in Nepal eene even groote populariteit als in Frankrijk aan Napoleon ten deel viel, hoewel het getal van 's ministers slachtoffers oneindig veel minder was. Maar het zekerste middel om zich populair te maken en ontzag in te boezemen, is nog altijd, in Europa zoowel als in Nepal, met strenge hand te regeeren en niet terug te deinzen voor het opofferen van menschenlevens.

Ten besluite wil ik mededeelen dat een gelukkig toeval mij, op mijne terugreis, te Bhimpedi den souverein van Nepal zelven heeft doen ontmoeten, bij wien ik mijne opwachting niet had gemaakt. De jonge rajah keerde naar Khatmandoe terug, vergezeld door zijne ministers en de heeren en dames van zijn hof. Op een wit paard gezeten en met een violetten mantel omhangen, zag hij er inderdaad vorstelijk uit, onder den violetten parasol, dien slaven boven zijn hoofd hielden. De dames volgden in palankijns of hangmatten, zorgvuldig achter zijden gordijnen verborgen.

Maar de vrouwelijke nieuwsgierigheid, die in Nepâl niet minder sterk ontwikkeld is dan bij ons in het Westen, was machtiger dan de voorschriften der hofetiquette: geene enkele dezer bevallige dochters van Eva kon wederstand bieden aan de verzoeking om het hoofd naar buiten te steken en den vreemdeling op te nemen, van wien men in de laatste dagen zooveel had gehoord. Ik kan er bijvoegen, dat ondanks de vermenging met geel bloed en het tatoeëersel op haar voorhoofd, de vrouwen uit den koninklijken harem van Nepal met recht schoon mogen worden genoemd.

II

Zoo als men weet, wordt Indië van het overige Azië gescheiden door den reusachtigen muur van het Himalaya-gebergte, dat van den Brahmapoetra tot den Indus een onafgebroken keten vormt. Tusschen de bergketenen, waaruit deze ontzaglijke muur bestaat, strekken zich valleien uit, die kleine koninkrijken vormen of door krijgshaftige onafhankelijke stammen worden bewoond. Het meest bekende en beroemde van deze koninkrijken is Kashmir; het belangwekkendste, het machtigste en tevens het minst bekende is Nepâl.

De lengte van het rijk van Nepâl bedraagt ongeveer zevenhonderd kilometers, dat is een derde minder dan de lengte van Frankrijk; de breedte is niet veel meer dan honderd-vijftig kilometers. Men schat de oppervlakte bij benadering op omstreeks honderd-zeven-en-veertigduizend vierkante kilometers. Nepâl is de eenige indische staat, die tot dusver zijne volkomen onafhankelijkheid heeft weten te bewaren en nooit door een vreemden veroveraar werd onderworpen; de eenige ook, die aan de mohammedaansche overweldiging ontkwam. Zoowel de Engelschen als de Chineezen hebben te vergeefs getracht, zich van dit land meester te maken.

De natuur heeft aan Nepâl verdedigingsmiddelen geschonken, vrij wat meer afdoende dan alles wat menschelijke kunst kan uitvinden. Langs den voet der bergen, die het land aan de zuidzijde omgorden, strekt zich een breede moerassige woudstrook uit, de Teraï, waarvan de miasmen gedurende het grootste gedeelte van het jaar voor de menschen doodelijk zijn. Aan gene zijde van dit noodlottig moeras verrijzen de geweldige bergmassaas van de Himalaya, die op sommige plaatsen een loodrechten muur vormen, welken men alleen kan overklimmen langs zeer steile paden van ettelijke duimen breedte, die in den bergwand zijn uitgehouwen. Aan de noordzijde, aan den kant van Thibet, is de toegang niet minder moeilijk.

Al de voornaamste steden van Nepâl, en daaronder de hoofdstad Khatmandoe, liggen bij elkander in eene vallei, die men het best vergelijken kan bij eene reusachtige badkuip, waarvan de wanden door het Himalaya-gebergte worden gevormd. De lengte dier vallei bedraagt dertig, en hare breedte twintig kilometer; deze streek wordt door de inwoners bij voorkeur de vallei van Nepâl genoemd. Zij is het eenige beschaafde en regelmatig bebouwde gedeelte des lands. De bergen die haar omringen en als een diadeem van sneeuwtoppen om haar vlechten, zijn de hoogste van de geheele Himalayaketen; daaronder behoort ook de Gaurisankar of Mount-Everest, die eene hoogte bereikt van achtduizend-achthonderd-veertig el: dat is ongeveer dubbel de hoogte van den Mont-Blanc. Waar ge u in de vallei bevindt, overal wordt uw oog getrokken door dien reuzenberg, nog nimmer door eens menschen voet betreden.--Waarschijnlijk was de vallei van Nepâl in vroeger tijd een meer. De bovenste aardlaag bestaat uit alluvium, gevormd door het puin van de omringende rotsen en voor een deel samengesteld uit zandsteen en graniet. De hypothese dat de vallei weleer met water was bedekt, vindt hare bevestiging in de overoude traditie, volgens welke zich vroeger hier een meer bevond. Een god kloofde met zijn zwaard den berg, die aan de zuidzijde de afstrooming van liet water tegenhield, en zoo werd de kom droog.

De vallei van Nepâl is ook het eenige gedeelte van het land, dat ons bekend is. Geen enkel Europeaan, de engelsche gezant te Khatmandoe zoo min als een ander, mag de grenzen dezer vallei overschrijden. Toen de engelsche generale staf, voor de voltooiing van den atlas van Indië, kaarten van Nepâl wilde laten maken, was men verplicht, hindoesche pandits daarheen te zenden, die onder verschillende vermommingen het land doortrokken; maar de uitkomsten van hun onderzoek waren vrij onbevredigend, en de met die gegevens vervaardigde kaart is dan ook alles behalve volledig.

Uithoofde van hare hooge ligging, op ongeveer dertienhonderd meter, en van de geweldige bergen die haar als een wal omringen, heeft de vallei een heerlijk gematigd klimaat en een zeer weelderigen plantengroei. De zachte verkwikkende temperatuur, de schoonheid van het land, het schilderachtig voorkomen der steden maken Nepâl tot een van de aangenaamste, uitlokkendste streken van Hindostan. Men heeft hier geen hinder van die geweldige overgangen van temperatuur, die afwisselingen van hitte, regen en droogte, die het verblijf in de andere indische landen voor Europeanen zoo onaangenaam en zoo ongezond maken. De zomer is nooit overmatig warm, en de winter nooit erg koud. In de maand Januari heb ik, hoewel in een tent verblijf houdende, alleen des nachts een weinig van koude te lijden gehad.

Aan dit zachte klimaat dankt Nepâl ook zijne rijke, altijd bloeiende en groeiende plantenwereld, ik heb hier, in Januari, sommige rozensoorten in de open lucht zien bloeien. Orchideeën, begonias, rhododendrons verkwikken overal het oog van den wandelaar. De berghellingen zijn ter halver hoogte met dichte bosschen van prachtig naaldhout bekleed. De bewoners verbouwen koren, gierst, rijst, mosterd, safraan, ananassen, gember, aardappelen, suikerriet, enz. Vruchtboomen vindt men hier in groote menigte, met name citroenen, appelen, abrikozen, perziken, oranjeappelen, die geheele bosschages vormen, waartusschen de dorpen schilderachtig wegschuilen.--De fauna van Nepâl is niet minder rijk dan zijne flora, maar zij is vooral rijk in schadelijk gedierte. In geen enkel ander land van Indië vindt men zooveel verscheurende dieren.

Luipaarden, tijgers, rhinocerossen en slangen zijn buitengemeen talrijk. De eersten bevolken de jungles op alle bergen en aarzelen niet, een mensch aan te vallen, maar richten toch voornamelijk groote verwoestingen onder het vee aan. De Nepaleezen zijn overigens niet bang voor deze gevaarlijke gasten: wanneer zij hen op klaar lichten dag ontmoeten, gaan zij hun soms met een eenvoudig jachtmes te lijf. Wilde olifanten huizen in grooten getale in den Teraï, aan den voet van de Himalaya. De meeste olifanten, die men in elders in Hindostan voor verschillende diensten gebruikt, zijn van hier afkomstig. Ten gevolge van de schaarschte aan weilanden, heeft de veestapel in Nepâl niet veel te beteekenen. Buffels, schapen, geiten, worden uit Thibet ingevoerd. Daarentegen is het land zeer rijk aan gevogelte, dat men over dag vrij door de rijstvelden laat omdolen om zijn voedsel te zoeken, en tegen den avond naar huis drijft.

Zoodra ik mij behoorlijk had geïnstalleerd in de tent, die de engelsche gezant voor mij had laten opslaan, maakte ik een begin met mijne archeologische studiën en nasporingen, en wel, zoo als voor de hand lag, te Khatmandoe.

Khatmandoe, de tegenwoordige hoofdstad van Nepal, telt ongeveer zestigduizend inwoners. Volgens de overlevering werd zij in het jaar 723 van onze jaartelling gesticht. Zoowel uit het oogpunt van zindelijkheid als van architectuur, doet zij verre onder voor de twee andere groote steden des lands, Patan en Bhatgaon. Het paleis van den rajah heeft hoegenaamd niets te beteekenen. De beroemde minister Jang Bahadoer liet dit paleis bouwen in eene soort van bastaard italiaanschen stijl. De verschillende deelen van dit gebouw, van gehouwen steen, van baksteen of van hout, passen hoegenaamd niet bij elkander.--Maar in de stad zelve vindt men eenige oude paleizen van rijke, adellijke familiën, waarvan de prachtig gebeeldhouwde voorgevels aanstonds de aandacht trekken. Sommige aanzienlijke huizen zijn naar europeesche wijze gemeubeld; maar die meubelen, welke met groote kosten uit engelsch Indië worden ingevoerd, zijn meestal op de zonderlingste manier geplaatst. Meestal weten de eigenaars niet, waarvoor deze meubelen moeten dienen; naar de sage meldt, is het gebeurd, dat inlanders zich te slapen legden op een piano, dien zij voor een kanapé aanzagen, waarin een speeldoos verborgen was.

Khatmandoe verdient bovenal de aandacht om zijne heiligdommen, zijne kerkelijke bouwkunst. Men schat het aantal der tempels in deze stad op niet minder dan zeshonderd. Hun stijl komt geheel overeen met dien der pagoden, waarvan wij nader zullen hebben te spreken. De voornaamste tempels staan bij elkaar op een groot vierkant plein, tegenover het paleis; de grootste werd omstreeks 1550 gebouwd. Ten einde noodelooze herhalingen te voorkomen, die onvermijdelijk zouden zijn wanneer ik alle monumenten, die zoo zeer op elkander gelijken, afzonderlijk wilde beschrijven, zal ik liever dadelijk een algemeen overzicht geven van de verschillende groepen van monumenten in Nepâl, en beknoptelijk de uitkomsten mededeelen van mijne nasporingen en onderzoekingen betreffende de architectuur van dit land.

Indien het zedelijk gehalte van een volk kon worden afgemeten naar de ontwikkeling van zijne godsdienstige denkbeelden, en indien de talrijkheid der tempels en heiligdommen mocht gelden als een afdoend bewijs voor de levendigheid en innigheid van het godsdienstig geloof, dan zouden de Nepaleezen welhaast aanspraak mogen maken op den roem, het godsdienstigste en het deugdzaamste volk der aarde zijn. Zeer waarschijnlijk toch vindt men in geen ander land der wereld zooveel tempels in zoo kort bestek bij elkaar. In de zeer eng begrensde streek, die meer bepaald den naam van de vallei van Nepâl draagt, treft men ruim tweeduizend tempels aan; Khatmandoe en Patan hebben er ieder zeshonderd; Bhatgaon tweehonderd-vijftig. Deze tempels zijn aan boeddhistische of brahmaansche godheden gewijd; of wel ter herinnering gebouwd op eene of andere merkwaardige plek; ook bevatten zij soms het overschot van een of ander beroemd persoon en zijn dan eigenlijk grafmonumenten. De bouworde van deze tempels vertoont drie wezenlijk verschillende typen, welke wij achtereenvolgens zullen beschrijven.

De eerste en in chronologische orde de oudste dezer typen wordt vertegenwoordigd door groote half-bolvormige gebouwen, uit aarde en baksteen opgetrokken en overeenkomende met de tôpen of stoepas van centraal Hindostan, behoudens enkele afwijkingen. Naar elk der vier windstreken bevindt zich, bij deze tôpen, een klein heiligdom, bestaande uit eene nis met beeldwerken.--Boven het halfronde gebouw verheft zich een vierkante toren, die zelf door eene pyramide of een kegel gekroond is. De tempel is omringd door een grooter of kleiner aantal van kleinere heiligdommen, kapellen, beelden, enz.

Deze soort van tempels behoort uitsluitend aan de boeddhistische eeredienst; maar in Nepal zijn het Boeddhisme en het Brahmanisme zoodanig vermengd en als het ware saamgesmolten, dat de symbolen en teekenen der beide eerediensten evengoed in de tempels worden aangetroffen, onverschillig tot welke kerk dezen eigenlijk behooren. In de boeddhistische tempels zijn de afbeeldingen van den Boeddha en van zijne vroegere incarnaties natuurlijk het talrijkst, maar ook de goden van het brahmaansche pantheon, Vishnoe, Ganesa en anderen, vinden er evenzeer eene plaats.

De tweede type der tempels van Nepâl wordt vertegenwoordigd door gebouwen van baksteen en hout, volgens een zeer karakteristiek plan ontworpen en in voorkomen veel meer gelijkenis vertoonende met de thibetaansche of chineesche, dan met de indische kunst. Deze tempels zijn rechthoekige gebouwen, uit verscheidene verdiepingen bestaande, die naar boven toe in omvang afnemen en elk van een eigen dak zijn voorzien. Ook deze daken worden steeds kleiner, zoodat het geheele monument het voorkomen heeft eener pyramide. Elk dak is aan de hoeken eenigszins omgebogen, even als bij de chineesche pagoden, en met een aantal klokjes versierd. Gebeeldhouwde houten balken dragen het vooruitspringend gedeelte van het dak. Elke tempel is omringd door eene veranda, die op fijn gebeeldhouwde houten pijlers rust. Het geheele monument staat op een steenen onderbouw, die weder in verschillende terrassen is verdeeld. Aan een der zijden van dien onderbouw is een trap aangebracht, die toegang geeft tot den tempel, en die ter wederzijde met beelden van goden, helden of fabelachtige monsters is versierd. Als voorbeelden van den derden type noemen wij de steenen tempels, die door hunne gedaante geheel afwijken van de beide vorige groepen, en die den stempel dragen eener merkwaardige oorspronkelijkheid. De chineesche invloed is hier bijkans onmerkbaar, de indische daarentegen onmiskenbaar, maar toch niet in die mate overheerschend dat de oorspronkelijkheid verloren gaat. Deze tempels zijn de eenigen, waarin men somwijlen eenige sporen kan ontdekken van muzelmanschen invloed, en wel bepaaldelijk door de aanwezigheid van koepels. Men kan bij deze tempels bezwaarlijk van een bepaalden stijl spreken, volgens welken zij zouden zijn gebouwd.

Het eenige wat zij allen gemeen hebben, is dat zij rusten op een onderbouw van ettelijke verdiepingen, waarvan de trap overeenkomt met die van de hierboven beschreven tempels en ook met beelden is versierd. Deze steenen tempels staan overigens als kunstgewrochten veel hooger dan de nog min of meer barbaarsche pagoden, waarvan wij zoo straks spraken. De tempel te Patan, tegenover het koninklijk paleis, mag met recht onder de belangrijkste monumenten van Indië worden geteld, en zou zelfs in eene europeesche hoofdstad bewondering wekken.

Buiten kijf is de architectuur van Nepâl uit Indië afkomstig; maar in eene andere omgeving overgebracht, is zij spoedig van karakter veranderd. Dit is een nieuw bewijs voor de stelling, dat het verschil van ras op de ontwikkeling der bouwkunst grooter invloed uitoefent dan de overeenkomst in godsdienstige begrippen en overtuigingen.

Het is bij uitstek moeilijk, ook maar bij benadering, den ouderdom te bepalen van de verschillende tempels van Nepâl. In het algemeen gesproken, kan men van sommigen hunner zeggen, dat zij zeer oud zijn, dat wil zeggen uit de eerste eeuwen onzer jaartelling afkomstig; sommige anderen zijn betrekkelijk modern, dat wil zeggen, jonger dan de vijftiende eeuw. Maar daar zijn er wellicht nog anderen, hoewel ik zeer geneigd ben daaraan te twijfelen, wier stichting tusschen de twee genoemde tijdperken ligt en omtrent wier ouderdom wij dan geheel in het onzekere verkeeren.

De oudste tempels zijn de halfbolvormige tôpen van aarde en baksteen, waarvan wij boven gesproken hebben. In aanmerking nemende dat het Boeddhisme omstreeks de eerste eeuw van onze tijdrekening in Nepâl is ingevoerd, en lettende op de groote overeenkomst van deze monumenten mot de tôpen van centraal Indië, zou ik geneigd zijn de stichting dezer heiligdommen, althans in hunne hoofdbestanddeelen, terug te voeren tot de tweede eeuw na Christus.--De tempels van baksteen en hout zijn daarentegen zeer jong; van de voornaamsten hunner is de dagteekening der stichting bekend, en deze klimt doorgaans niet hooger op dan het jaar 1700.--De steenen tempels zouden ongetwijfeld veel ouder kunnen zijn, maar verschillende teekenen leiden mij tot het besluit dat zulks niet het geval is; ik geloof niet dat een dier tempels, die ik bezocht heb, ouder is dan het jaar 1500.

De bouwstijl der paleizen en huizen komt het meest overeen met dien der baksteenen tempels. Ook zij zijn van baksteen en hout opgetrokken, en hebben verschillende verdiepingen, maar die verdiepingen springen niet in, en het geheele gebouw wordt door één dak gedekt. Wat deze gebouwen vooral onderscheidt, is de menigte der beeldwerken, waarmede zij overdekt zijn. De pilaren der verandas, de lijsten der deuren en vensters, de balken waarop het uitspringende gedeelte van het dak rust, zijn met het fraaiste beeld- en snijwerk versierd. De vensters zijn doorgaans met houten traliewerk voorzien, daar het gebruik van glas in Nepal zoo goed als onbekend is; behalve in het koninklijk paleis te Khatmandoe, ziet men haast nergens glasruiten.

Het midden van het huis wordt gewoonlijk ingenomen door eene binnenplaats, omgeven door eene veranda, waaronder de bedienden verblijven. De kamers zijn klein en slecht verlicht. De vertrekken der verschillende verdiepingen hebbon alleen door luiken met elkander gemeenschap; hetgeen in geval van nood de verdediging mogelijk maakt van elke verdieping afzonderlijk.

Na de stad Khatmandoe in alle richtingen doorkruist en haar tempels bestudeerd te hebben, moest ik de andere steden in de vallei van Nepâl bezoeken. Zij liggen meest allen in de nabijheid der hoofdstad; de wegen, die deze steden onderling en met de talrijke dorpen verbinden, zijn ter nauwernood gebaande voetpaden; alleen aan het onderhoud van den weg van Khatmandoe naar Bhatgaon wordt eenige zorg besteed. Het vlakke, hier en daar heuvelachtige, rijk bebouwde land herinnert aan de vlakten van noordelijk Italië, maar met weelderiger plantengroei en een meer zuidelijk karakter.

Mijn eerste bezoek gold het dorp Samboenath. De weg naar dit dorp loopt over eene groote rivier, de Vishnoemati, die veel breeder is dan de Seine te Parijs. De brug over deze rivier laat wel iets te wenschen over. Verbeeld u eene rij kleine, smalle plankjes, vastgespijkerd op palen, die in de bedding der gelukkig niet diepe rivier zijn geslagen. Daar ik geen koorddanser van beroep ben, liet ik een mijner dragers door het water waden, en op zijn schouder steunende, waagde ik den tocht over de smalle brug.

De tempels van Samboenath of Swayambhoe--een bijnaam van Boeddha, beteekenende "hij die door zich zelven bestaat";--staan op den top van een heuvel, die eene hoogte bereikt van omstreeks honderd el en geheel met boomen is beplant. Een steenen trap van ruim vijfhonderd treden voert naar den top van den heuvel. Aan den opgang van de trap prijkt een kolossaal beeld van den Boeddha, in 1637 opgericht. Zoodra ge den top des heuvels bereikt hebt, ziet ge voor u een piedestal van gehouwen steen, met figuren versierd, waarop een soort van bronzen staaf, anderhalve meter lang, de zoogenaamde "bliksem van Indra", is geplaatst. Dit symbool is voor de Boeddhisten van Nepal even heilig als het kruis voor de Christenen; men vindt het onder de beeldwerken van bijna alle nepaleesche tempels.

De vlakke top van den heuvel is bedekt met kapellen en talrijke beelden; maar het grootste gedeelte der ruimte wordt ingenomen door den grooten tempel, die door bedevaartgangers uit alle deelen des lands en zelfs uit de verwijderdste streken van Thibet wordt bezocht. De tempel heeft de gedaante van een halfronden bol, uit aarde en baksteen opgetrokken, geheel overeenkomende met den tôpe van Sanshi, maar bovendien gekroond met een vierkanten toren, waarboven een kegel oprijst uit smalle ronde schijven saamgesteld. Op de vier zijden van den toren is, met roode, witte en zwarte verwen, het oog van den Boeddha afgebeeld. De voet van den tôpe is rond; hij steekt een weinig vooruit en is met steenen zerken bekleed.--Om den tôpe staan, naar de vier windstreken gekeerd, vier kleine kapellen, waarvan de voorzijden met geciseleerd brons zijn bedekt, en waarin zich een gebeeldhouwde zerk bevindt. De kapelletjes, de toren op den tôpe en verreweg de meeste gebouwen op den heuvel zijn zeker niet ouder dan ruim tweehonderd jaren; het oudste is van 1593. Maar zoo de bijgebouwen en de toevoegsels van betrekkelijk jongen datum zijn, met den tempel zelven is dit niet het geval. Op de boven aangegeven gronden mogen wij veilig aannemen, dat hij tot de eerste eeuwen onzer jaartelling opklimt. In een der huizen in de nabijheid van den grooten tôpe woont eene familie van thibetaansche lamas, die sedert onheugelijke tijden belast is met zorg voor het onderhouden van het heilige vuur, het zinnebeeld der godheid. Al de tempels van Samboenath worden trouwens door thibetaansche lamas bediend.

III

De bevolking van Nepâl bestaat uit een zeer groot aantal stammen, die elkander vreemd zijn en verschillende dialekten spreken. Sommigen zijn van thibetaanschen oorsprong; anderen zijn ontstaan uit de vermenging van Thibetanen en de oorspronkelijke bewoners des lands met immigranten uit verschillende deelen van Hindostan. Van deze immigranten zouden sommigen hebben behoord tot de Radjpoets, dat wil zeggen tot de edelste en zuiverste vertegenwoordigers van het indische ras; anderen daarentegen zouden half wilde stammen zijn geweest, zoo als de Kohls in Shota Nagpore en de provincie Orissa. De groote massa der bevolking in de eigenlijke vallei van Nepâl bestaat uit twee zeer scherp onderscheiden groepen: de Newars, de afstammelingen der oude bewoners, en de Gorkhas, die tegen het einde der vorige eeuw Nepâl veroverden en de bevolking aan zich onderwierpen. Deze Gorkhas waren tot op dien tijd een der vele krijgshaftige stammen, die binnen het gebied van Nepâl zijn gevestigd; zij beweeren de afstammelingen te zijn van de Radjpoets, die weleer naar deze afgelegen streken emigreerden om zich aan de mohammedaansche overheersching te onttrekken. Buiten kijf zijn zij van hindoeschen oorsprong, doch ik heb er maar weinigen ontmoet, die niet de teekenen droegen van vermenging met thibetaansch bloed.

Het woord Gorkha is, overigens niet de naam van een bepaald ras. In Nepâl verstaat men daaronder de nakomelingen der lieden van allerlei stand en van zeer verschillende afkomst, die in de vorige eeuw de nepaleesche provincie Gorkha verlieten en geheel Nepâl aan hunne macht onderwierpen. Naar gelang van hunne afkomst vormen zij verschillende kasten. De hoogste dezer kasten, die der kshatryas, is gesproten uit de verbintenis van de bovengenoemde Radjpoets met de vrouwen van een oorspronkelijk inlandschen stam, die den naam draagt van Khoes. De Gorkhas vormen de kern der krijgshaftige bevolking van Nepâl, waartoe verder nog verschillende stammen behooren, bij wie de mongoolsche type veel meer op den voorgrond treedt dan bij de Gorkhas. De vereeniging van Nepâl onder het gezag van één souverein is het werk der Gorkhas, die zich door hunne groote dapperheid en militaire bekwaamheden boven alle anderen onderscheiden. Deze krijgshaftige aristokratie acht alle andere bezigheden buiten den wapenhandel beneden hare waardigheid: zij bemoeit zich noch met handel, noch met industrie, noch met landbouw, en is ook ten eenemale ontbloot van zin en smaak voor kunst. Hunne godsdienst is het Brahmanisme; hunne taal is een dialekt van het sanskriet, vermengd met thibetaansche woorden; zij gebruiken het sanskrietsche letterschrift.

De Newars vormen de groote meerderheid der bevolking van de vallei van Nepâl; zij werden eeuwenlang door hunne eigene rajahs geregeerd, onder wier bestuur in de steden van Nepâl vele belangrijke monumenten werden gesticht. Even als de Gorkhas, zijn ook de Newars gesproten uit de vermenging van Hindoes en Thibetanen; maar het thibetaansche element heeft bij hen veel meer de overhand. Toen ik de vallei van Nepâl betrad, had ik onder mijn gevolg ook een bediende, die met mij de verschillende deelen van Indië had doorreisd, zonder eenig begrip te hebben van de landstreken, waarheen onze weg voerde. Maar ter nauwernood waren wij in het eerste grensdorp van Nepâl aangekomen, of hij vroeg mij, of wij ons niet in China bevonden. Volgens hem hadden de inlanders eene zeer sterke overeenkomst met de Chineezen, die hij te Bombay had gezien. De taal der Newars, het newari, verschilt zeer van die der Gorkhas, hoewel zij evenzeer een mengsel is van sanskriet en thibetaansch. Het newari is de eenige taal van Nepâl, die eene letterkunde heeft.

De Newars zijn ten eenemale ontbloot van den krijgshaftigen geest en de militaire bekwaamheden der Gorkhas, maar bezitten daarentegen een zeer opmerkelijken aanleg voor landbouw, handel en nijverheid. Zij zijn de bouwmeesters der met prachtig beeld werk versierde, merkwaardige tempels, waarmede de vallei als bezaaid is. De kunst om het hout te bewerken en te snijden heeft bij hen eene hoogte bereikt, die, naar mijn oordeel, door geen enkel volk van het hedendaagsch Europa wordt geëvenaard. Maar het thans heerschende ras, de Gorkhas, doet volstrekt niets om de kunst aan te moedigen; zij gaat dan ook sterk achteruit; de bekwame kunstenaars zoeken elders een goed heenkomen; en tegenwoordig vindt men in de geheele vallei ter nauwernood een dozijn lieden, die inderdaad de kunst van houtsnijden verstaan. Wanneer de laatste van deze kunstenaars verdwenen zal zijn, zal ook de kunst van houtsnijden zelve in Nepâl ten onder zijn gegaan, zoo als de kunst van het brons te bewerken hier reeds zoo goed als vergeten is. Ook de architectuur is in verval; bijna al de merkwaardige monumenten dagteekenen van vóór den tijd der heerschappij van de Gorkhas.

Een derde gedeelte der Newars belijdt de hindoesche godsdienst: zij zijn volgelingen van Siva; de anderen zijn Boeddhisten. Zoowel Brahmanisten als Boeddhisten hebben het kastenstelsel in stand gehouden.

Twee sprekende karaktertrekken zijn aan alle Nepaleezen, Gorkhas zoowel als Newars, gemeen: hunne groote godsdienstigheid en hun onafhankelijkheidsgevoel. De Nepaleezen zijn misschien het godsdienstigste volk der wereld. Mij is geen ander land bekend, waar, naar verhouding, het getal der tempels en der priesters zoo groot is.

Godsdienstige feesten en plechtigheden nemen het grootste gedeelte van den tijd der bevolking in beslag. De astrologen, die doorgaans onder de priesters worden gekozen, spelen bij alle handelingen van het leven eene gewichtige rol; en evenmin als de oude Romeinen, zullen de Nepaleezen eene onderneming op touw zetten of eene reis aanvaarden, zonder vooraf het lot te hebben geraadpleegd en een gunstigen dag uitgekozen. Jammer maar dat, ondanks hunne godsdienstigheid, hunne zedelijkheid zoo veel te wenschen overlaat; vooral is hun volkomen gemis van waarheidszin zeer opmerkelijk. Een Hindoe zegt nog somtijds de waarheid, een Nepalees nooit. Wat de bewoners van Nepâl zeer beslist van de Hindoes onderscheidt, is hunne vaderlandsliefde en hun onafhankelijkheidsgevoel. Deze beide eigenschappen, waarvan men elders in Indië geen spoor vindt, zijn bij de geheele bevolking van Nepâl in zeer hooge mate ontwikkeld. In die gezindheid wortelt hun onbedwingbaar wantrouwen jegens alle vreemdelingen; zij is het ook die hen tot het besluit heeft gebracht om den toegang tot hun land aan alle Europeanen te ontzeggen.

De mythische geschiedenis van Nepâl begint met de helden van de Mahabharata, maar van de werkelijke geschiedenis des lands weten wij al even weinig als van die van het overige Indië. Voor het jaar 1300 van onze jaartelling is ons met zekerheid eigenlijk niets van de historie des lands bekend, dan alleen dat het Boeddhisme er omstreeks de eerste eeuw werd ingevoerd. Ongetwijfeld was eertijds de bevolking hoofdzakelijk thibetaansch. Na de inneming van Shittor, door Ala-oed-din, in 1306, namen een aantal Radjpoets, die zich aan de muzelmansche heerschappij niet wilden onderwerpen, de wijk naar de bergen van Nepâl. Zij werden in 1336 gevolgd door andere Radjpoets uit de koninkrijken Oudhe en Kanoeje, die insgelijks voor de nieuwe veroveraars vluchtten. Uit deze emigratie van Radjpoets zouden de Gorkhas gesproten zijn, die in Nepâl een klein zelfstandig vorstendom vormden, dat eeuwenlang zijne onafhankelijkheid wist te handhaven. In 1765 vatten de Gorkhas het plan op om geheel Nepâl onder één gezag te vereenigen. Na een vierjarigen oorlog gelukte het hun, de drie koninkrijken te onderwerpen, waarvan Bhatgaon, Patan en Khatmandoe de hoofdsteden waren, en die sedert het begin van de veertiende eeuw werden geregeerd door dynastieën van rajahs, die van een gemeenschappelijken stamvader afstamden en tot het ras der Newars behoorden, dat van mongoolschen oorsprong is en nog de massa der bevolking vormt. Na zich aldus van de drie hoofdsteden te hebben meester gemaakt, vernietigden de Gorkhas de talrijke kleine vorstendommen, het best te vergelijken met onze oude leenen, waarin het land destijds was verdeeld. Sedert dien tijd is geheel Nepâl onderworpen aan het gezag van een enkelen souverein, en heeft slechts eene hoofdstad, Khatmandoe. Bij herhaling werd de onafhankelijkheid van Nepâl bedreigd door zijne twee machtige buren, de Engelschen en de Chineezen, en heeft het rijk tegen hen bloedige oorlogen moeten voeren; maar zoo de Nepaleezen soms werden overwonnen, is het toch

16

nog aan geen vreemde legermacht gelukt, hunne hoofdstad te bereiken, en ondanks alles bleef de onafhankelijkheid des lands gehandhaafd. De zwaarste aanval, dien Nepâl te verduren had, was de oorlog met Engeland in de eerste jaren dezer eeuw. In 1814 door de Engelschen aangevallen, brachten de Nepaleezen hun een bloedige nederlaag toe, en doodden hun generaal Gillespie; maar toen in 1816 de Engelschen met een leger van zes-en-veertigduizend man, tot op drie dagreizen afstands van Khatmandoe waren doorgedrongen, moest de kleine staat, die een heldhaftigen tegenstand had geboden, den ongelijken strijd opgeven en zich de vredesvoorwaarden van den overwinnaar laten welgevallen. Een van de voornaamste bepalingen van het vredesverdrag was, dat de regeering van Nepâl een engelsch gezant in hare hoofdstad zou ontvangen. Deze voorwaarde, hoe hard ook voor de Nepaleezen, bracht hen echter feitelijk in geen anderen toestand, dan waarin alle europeesche mogendheden tegenover elkander verkeeren, want de engelsche gezant is niets meer dan een diplomatiek vertegenwoordiger en heeft hoegenaamd geen recht, zich met de regeering des lands te bemoeien. "De engelsche minister", zegt doctor Wright, gewezen geneesheer bij het gezantschap te Khatmandoe, "heeft in het minst geen recht of bevoegdheid zich te mengen in de regeering des lands. Metterdaad vervult hij geene andere functiën dan die van consul, geheel overeenkomende met die van een engelsch consul in eene of andere europeesche stad. De Nepaleezen zijn in hooge mate trotsch en naijverig op hunne onafhankelijkheid, en dulden niet dat een vreemde zich met hunne zaken bemoeie."

De positie van engelsch gezant in Nepal is dan ook verre van benijdenswaardig. Zijn eenige metgezel gedurende de vele jaren, die hij soms in deze ballingschap moet doorbrengen, is een geneesheer, de eenige Europeaan aan wien het vergund is, met hem in Nepal te vertoeven. Hij kan officieel geen voet buiten zijne woning zetten dan onder het geleide van soldaten der lijfwacht, die, zoo als het heet, voor zijne veiligheid moeten zorgen, maar wier eigenlijke taak het is, hem te bewaken en onverwijld aan het hof bericht te geven van al zijne handelingen. De engelsche gezant woont in een door een zijner voorgangers gebouwd huis, op eenige mijlen afstands van de stad. Dit huis bevat alles wat voor het levensonderhoud noodig is, met inbegrip van eene bakkerij en eene slagerij. Een wacht van sipayers moet, des noods, vijandelijke aanvallen der inlanders afslaan. Daar is wel al de zwijgende vastberadenheid en zelfgenoegzame energie van de engelsche ambtenaren toe noodig, om bij zulk eene manier van leven niet van verveling te sterven. Trouwens niet enkel in Nepal treft men Engelschen aan, die jaren lang geheel alleen leven te midden eener onverschillige of zelfs vijandig gezinde bevolking. In deze eenzaamheid blijven zij onveranderlijk trouw aan de gewoonten en de levenswijze van hun vaderland: in die mate zelfs, dat zij zich nooit dan zwartgerokt en witgedast aan tafel zetten, hoewel hun eenige dischgenoot hun eigen beeld is, dat door den spiegel wordt weerkaatst. Maar deze zwijgende metgezel is voor hen genoeg; ik heb Engelschen gekend, die sedert vijf-en-twintig jaren op deze wijze hun leven doorbrachten en met smart dachten aan het oogenblik, waarop zij verplicht zouden zijn hun ontslag te vragen en in de maatschappij terug te keeren.

Sedert de vereeniging van alle koninkrijken en vorstendommen van Nepal onder een zelfden scepter, ten gevolge van de overwinningen der Gorkhas, is het land eene absolute monarchie; maar in werkelijkheid is de staatsinrichting toch niet zoo eenvoudig als zij op het eerste gezicht schijnt. Zij omvat velerlei vormen, verschillende naar gelang van de afzonderlijke landstreken, te beginnen bij den eenvoudigsten vorm van politieke organisatie, de stamordening, die nog in de meeste bergvalleien geldt.

Bovendien verschilt het begrip van souvereiniteit aanmerkelijk van de moderne europeesche opvatting, maar komt daarentegen veel meer overeen met die onzer middeleeuwsche feodaliteit. Nooit toch zou het in het brein van een europeesch monarch opkomen, om een deel van zijn rijk, in vrij en onafhankelijk bezit, met den titel van koning, aan een onderdaan weg te geven. Toch deed dit de koning van Nepal, in 1855, toen hij twee provinciën aan zijn minister Jang Bahadoer en diens erfgenamen ten geschenke gaf, met onbeperkte macht van leven en dood over al de bewoners. De koning van Nepal is overigens slechts in naam almachtig; het hoogste gezag berust feitelijk in handen van een soort van majordomus of eersten minister, die bijgestaan wordt door een raad, bestaande uit de aanzienlijkste edelen des rijks. Deze eerste minister is welhaast alvermogend, maar zijne almacht waarborgt hem niet tegen het bijna onontkoombaar lot, van vroeger of later door een mededinger vermoord te worden. Jang Bahadoer wist aan dit noodlot te ontsnappen, door onverbiddelijk het hoofd te laten afslaan van ieder, in wien hij een mededinger kon vermoeden. Ongelukkig zijn de Nepaleezen zeer achterdochtig en wantrouwend; en in den wedstrijd wie het eerst zijne tegenpartij treffen zal, kan een minister alleen door buitengewone behendigheid de zege wegdragen. Jang Bahadoer aarzelde nooit een oogenblik, kort en haastig recht te doen, des noods met eigen hand; en daaraan had hij het te danken dat hij ruim dertig jaren lang met onbeperkte macht over Nepal regeerde en eerst voor eenige jaren zijn natuurlijken dood stierf. Hij was inderdaad een van de merkwaardigste typen van een aziatisch despoot. Met buitengewone geestesgaven toegerust, bewees hij aan zijn land de belangrijkste diensten. Hij was geheel op de hoogte van de westersche toestanden; hij had Londen en Parijs bezocht, en voerde allerlei nuttige hervormingen in. Zijne spierkracht was niet minder buitengewoon dan zijn verstand: hij legde een afstand van vijf-en-zestig kilometers in zestien uren te paard af, en kloofde met een enkelen sabelhouw een panter in tweeën. Ook vond hij er geen bezwaar in, zonder veel woorden te verspillen, met eigen hand de groote heeren te onthoofden die hij gevaarlijk achtte voor den staat. De belangrijkste openbare betrekkingen werden bekleed door leden zijner familie, die trouwens talrijk genoeg was, want hij had ruim honderd zonen. Gedurende zijne lange regeering genoot het land eene hooge mate van welvaart en nam de algemeene rijkdom belangrijk toe. Hij wist elken oorlog met zijne naburen te vermijden; en deze oostersche Richelieu, die tijdens den opstand der sipayers, hulptroepen naar de Engelschen zond en tegelijker tijd eene schuilplaats verzekerde aan Nana-Sahib, wordt nog heden in Nepâl als een van de grootste mannen van zijn tijd beschouwd.

Hoewel Nepâl er een leger van twee-en-dertig-duizend man op nahoudt, bedragen de staatsinkomsten toch niet meer dan omstreeks twintig millioen francs. Maar deze som vertegenwoordigt een zeer belangrijk cijfer in een land, waar dertig centimes per dag ruimschoots voldoende zijn voor het levensonderhoud van een persoon. De hoofdbronnen van inkomst zijn de grondbelasting, de douanen en verschillende monopoliën; het grootste gedeelte der staatsinkomsten wordt ook voor militaire doeleinden gebruikt.

Het staande leger telt ongeveer zestien-duizend man, in zes-en-twintig regimenten verdeeld. De onregelmatige troepen zijn omstreeks even sterk. De kavalerie telt niet meer dan honderd manschappen, voldoende voor een zoo bergachtig land. De kleur van de uniform is blauw; een kleine tulband dekt het hoofd. De bewapening is eenigszins zonderling en onstelselmatig. Even als alle bewoners van Nepâl, is elke soldaat gewapend met de klassieke koekhri, een groot breed mes van eigenaardigen vorm. De artillerie bezit een vrij groot aantal stukken berggeschut, die in het land zelf vervaardigd worden.

De kracht van het nepalsche leger kan echter niet uitsluitend naar het cijfer der legersterkte worden berekend. Het is namelijk den soldaten vergund, het land te verlaten en dienst te nemen bij de engelsche regimenten in Hindostan, waar zij naar europeesche manier gedrild en geoefend worden. Zij behooren tot de beste soldaten, die Engeland in Hindostan bezit.

Wanneer zij, na volbrachten diensttijd, in Nepâl terugkeeren, vormen zij daar eene reserve, die volkomen geoefend en elk oogenblik gereed is om de wapenen te voeren. In de bergpassen zou dit leger voor den vijand geducht kunnen worden en in staat zijn om elken aanval af te slaan. In een tijd, toen deze kostbare reserve nog niet bestond, heeft het nepalsche leger aan de engelsche troepen reeds gevoelige nederlagen toegebracht. In aanmerking nemende de bijna volstrekte onmogelijkheid om met een legerkorps over de passen van de Himalaya te trekken, die naar de hoofdstad voeren, de dapperheid en bekwaamheid der soldaten die dagelijks geoefend worden, en vooral de vaderlandsliefde en het zeer levendig onafhankelijkheidsgevoel der inlanders, komt het mij voor, dat Nepâl inderdaad niets te vreezen heeft van zijn machtigen nabuur. Alleen door eene binnenlandsche omwenteling zou het land zijne onafhankelijkheid kunnen verliezen, wanneer namelijk een der hoofden de tusschenkomst der Engelschen inriep en hun den weg opende naar de hoofdstad.--Het leger bestaat uitsluitend uit vrijwilligers; bijna alle manschappen behooren tot de krijgshaftige stammen der Gorkhas. De Newars hebben een afschuw van den militairen dienst. De bevordering der officieren is geheel aan het goedvinden der regeering overgelaten. Er zijn hier generaals van

vijf-en-twintig en kolonels van veertig jaar, zelfs luitenants met grijze haren; zonen van aanzienlijken ontvangen soms reeds in hun prilste jeugd den titel van generaal.

IV

De derde plaats, die ik na Khatmandoe en Samboenath bezocht, was Patan, eene der voormalige hoofdsteden van Nepal, en zeker eene der merkwaardigste steden van Azië. Hoewel ik gansch Europa, van Londen tot Moskou, en geheel het klassieke Oosten, van Marokko tot Egypte en Palestina, heb doorreisd, had ik nog nooit iets gezien, dat kon vergeleken worden met de hoofdstraat van Patan. Ongetwijfeld zijn de details van deze fantastische architectuur somwijlen barbaarsch, maar het geheel is schitterend, overweldigend. Onze afbeeldingen kunnen daarvan slechts een zeer onvolledig denkbeeld geven, want zij missen de kleur, die zoo ontzaglijk veel bijdraagt tot het tooverachtig effect van deze monumenten. Die vuurroode paleizen, waarvan de steenen en koperen daken worden gedragen door duizenden beelden van goden en godinnen, stralende in de bontste kleurenpracht, en waarvan de bronzen deuren, door steenen monsters bewaakt, schitteren in het verblindende zonnelicht, zijn niet te beschrijven, haast niet af te beelden.

Patan is eene stad met veertigduizend inwoners, ten zuidoosten van Khatmandoe gelegen; naar het schijnt, werd zij omstreeks het jaar 300 na Chr. gesticht. Het is eene der voormalige hoofdsteden van de koninkrijken of vorstendommen, waaruit Nepal vroeger bestond. Hare huizen zijn in den regel van baksteen en hout opgetrokken; de kolommen en de lijsten van deuren en vensters zijn met bewonderenswaardige kunst gebeeldhouwd.

Het groote plein, waarop het koninklijk paleis en eenige tempels staan, levert zeer zeker een aanblik op, die in schilderachtigheid niet licht overtroffen wordt. Het paleis is een zeer merkwaardig monument; de groote bronzen deur, die den hoofdingang vormt, verdient vooral de aandacht.

Sedert de inneming en de plundering van Patan door de Gorkhas, heeft de stad veel van haar vroegere beteekenis verloren; onderscheidene monumenten verkeeren in jammerlijk vervallen staat. De tempels zijn hier nog talrijker dan te Bhatgaon. Aan die tempels waren onderscheidene kloosters verbonden, die echter sinds lang hunne oorspronkelijke bestemming verloren hebben en in winkels zijn herschapen.

In de nabijheid van Patan ziet men verschillende groote, half bolvormige tôpen, geheel overeenkomende met die van Boeddnath en Samboenath, en waarschijnlijk even oud. Volgens de overlevering zouden deze tempels gesticht zijn door Açoka, bij zijn onderstelden pelgrimstocht naar Nepâl, ongeveer tweehonderd-vijftig jaren voor onze jaartelling. De opschriften dier tôpen zijn onleesbaar geworden.

Even als te Bhatgaon, vindt men ook te Patan verscheidene steenen tempels; een van de voornaamste en tevens een van de merkwaardigste van geheel Indië, uithoofde van zijn eigenaardigen en smaakvollen bouwtrant, verrijst tegenover het koninklijk paleis. De tempel rust op een massieven onderbouw en bestaat uit twee inspringende verdiepingen of terrassen, gekroond met eene soort van pyramide. De zuilenportiek en de smaakvolle met kolommen versierde paviljoenen op de beide verdiepingen geven aan dit monument eene sierlijkheid en bevalligheid, die aan weinig indische monumenten eigen is. Ik kan niet met zekerheid zeggen, hoe oud deze tempel is, want het is mij niet mogelijk geweest, het inwendige te bezichtigen: ieder Europeaan, die het wagen zou in dit heiligdom te willen doordringen, zou onfeilbaar door het volk worden vermoord. Niettemin houd ik het er voor, dat hij niet veel hooger opklimt dan het begin der zestiende eeuw.

Te Patan ziet men, even als te Bhatgaon en te Khatmandoe, dikwijls voor de tempels hooge zuilen, versierd met beelden, meestal de rajahs voorstellende, die de heiligdommen hebben gesticht. Bij den zoo even genoemden tempel te Patan staat eene vierkante zuil, die eene knielende figuur draagt, boven wier hoofd zich eene bronzen slang verheft; op den kop der slang zit een vogeltje. Van Patan begaf ik mij naar Pashpatti. Deze stad ligt op den linkeroever van de rivier Baghmati, ten noordwesten van Khatmandoe, en is rijk aan tempels van steen en hout. Een van de beroemdste en eerwaardigste dezer tempels is die van Pashpatinath, dien geen vreemdeling zelfs mag naderen; de poorten van dit in geheel Nepâl hoog vereerde heiligdom zijn van geciseleerd zilver. In de nabijheid van dien tempel is eene bijzondere plaats aangewezen, waar de weduwen, die haar echtgenoot niet willen overleven, den vuurdood ondergaan.

De tempels van Pashpatti zijn modern en niet ouder dan het einde der zeventiende eeuw. De meest kenmerkende trek van deze steenen monumenten is de koepel in de gedaante van een klok. De steenen tempels zijn, in geheel Nepâl, verre in de minderheid: maar naar het schijnt, hebben hunne bouwmeesters er zich op toegelegd, om telkens iets nieuws te leveren; met uitzondering van de tempels te Pashpatti, wijken alle steenen tempels zeer belangrijk van elkander af. Met de baksteenen en houten tempels is het juist omgekeerd: die schijnen allen naar hetzelfde model gebouwd.

Ik noemde zoo even den naam van Boeddnath. Boeddnath is slechts een dorp, maar het bevat den grootsten tempel van Nepal, die niet alleen door de Nepaleezen, maar ook door hunne buren uit Thibet wordt bezocht. Even als de tempel van Samboenath, bestaat ook die te Boeddnath uit een grooten half bolvormigen koepel, waarboven zich een vierkante toren verheft, die met eene pyramide is gekroond. De tempel verschilt hierin van dien te Samboenath, dat hij op een terras van drie verdiepingen is gebouwd. De totale hoogte van dat terras komt bijna overeen met die van den koepel; op elk der vier zijden staat een kleiner heiligdom. De afmetingen van dezen tempel zijn grooter dan die van eenigen anderen in Nepal: hij heeft bijna negentig el in doorsnede en is ongeveer twee-en-veertig el hoog.

De tempel verrijst te midden van een soort van plein, dat door huizen is omringd, welke vroeger tot kloosters dienden, maar nu bewoond worden door handelaars in koperen afgodsbeelden, juwelen, amuletten, bidrollen en andere voorwerpen van dien aard. Even als te Samboenath, is in een dezer huizen eene familie van thibetaansche lamas gevestigd, met de bewaking van het heilige vuur belast. De kapellen en andere kleine gebouwen rondom den tempel hebben niets bijzonders.

De laatste stad van Nepâl, die ik bezocht, was Bhatgaon, op vijftien mijlen afstands van Khatmandoe, op een heuvel gelegen. De stad werd in de negende eeuw gesticht; zij was vroeger de hoofdstad van een der drie koninkrijken van Nepâl; haar tempels en paleizen behooren, met die van Patan, tot de merkwaardigste des lands. Slechts een derde gedeelte der bevolking van Bhatgaon is Boeddhistisch. Daar de meerderheid de hindoesche godsdienst belijdt, zijn ook de meeste tempels aan brahmaansche godheden gewijd.

Voor de verovering van Nepâl door de Gorkhas, was de koning van Bhatgaon een gewichtiger personage dan de rajahs van Khatmandoe en Patan. Daar de stad zich aanstonds overgaf, toen de Gorkhas zich gereed maakten haar te belegeren, bleven hare monumenten beter gespaard dan die van de beide andere steden. Bhatgaon is ook nu nog eene zeer bloeiende stad, die geenerlei sporen van verval vertoont. Oude monumenten heb ik er evenwel niet gevonden. De materialen waaruit de tempels zijn opgetrokken, baksteen en hout, maken van zelf een langen duur mogelijk. Ik geloof niet dat de oudste monumenten meer dan twee à drie eeuwen tellen.

De voornaamste tempels van Bhatgaon staan bij elkander op een plein, waarvan de eene zijde geheel wordt ingenomen door het koninklijk paleis. De plaat op bladz. 53 geeft eene getrouwe voorstelling van dit plein.

In het midden ziet men een tempel van eene verdieping, waarvan het houten, met ivoor ingelegde snijwerk uitmuntend is uitgevoerd.--Links, half verborgen door een modern gebouw, staat een steenen tempel van uiterst bevalligen vorm. Even als de tempels van hout en baksteen, staat hij op een vrij hoog, trapvormig terras, waartoe trappen toegang geven, welke ter wederzijde met steenen monsters zijn bezet. Maar de tempel zelf heeft verder geene overeenkomst met de pagoden van baksteen en hout; hij heeft dezelfde gebogen pyramidale gedaante als de tempels van noordelijk Indië. In het voorbijgaan zij

23

opgemerkt, dat tijdens het gezantschap van Megasthenes, dat is dus drie eeuwen voor onze jaartelling, de paleizen der indische vorsten van baksteen en hout waren gebouwd. Steenen monumenten waren toen eene hooge uitzondering. Nepâl nu bevindt zich nog heden in het tijdperk van overgang, waarin noordelijk Indië kort voor Christus geboorte verkeerde. De nauwkeurige zorg, waarmede de steenen zuilen der tempels worden gekopieerd naar de houten kolommen, schijnt wel de algemeen aangenomen meening te bevestigen, dat de eerste steenen monumenten in Indië de zuivere navolging waren van vroegere houten gebouwen.

Tot de belangrijkste monumenten van Bhatgaon behoort ook een groote tempel van hout en baksteen, vijf verdiepingen hoog, die wel de grootste van alle tempels der stad mag worden genoemd. Deze tempel werd gesticht door een koning, die omstreeks het einde der zeventiende eeuw leefde.

Even als alle tempels van de derde groep, waarvan wij tot dusver gesproken hebben, rust hij op een rechthoekigen, terrasvormigen onderbouw. Aan een der zijden bevindt zich een steenen trap, versierd met steenen beelden van goden, helden en fabelachtige dieren.

Op onze plaat ziet men links een gedeelte van het koninklijk paleis, dat geheel van rooden baksteen is gebouwd. De lijsten van deuren en vensters zijn met uitmuntend snijwerk versierd. De hoofdingang van dit paleis, dat insgelijks in het laatst der zeventiende eeuw werd gebouwd, is eene prachtige bronzen deur, die den naam draagt van de Gouden-poort, en waarvan de plaat op bladz. 49 eene getrouwe afbeelding geeft.

V

Het hoofddoel van mijne reis naar Nepâl was de studie van de architectuur: maar daarnevens was het mij te doen om, zoo mogelijk, eene oplossing te vinden van een moeilijk vraagstuk dat sedert lang de geschiedvorschers bezig houdt en waarvan de vergelijkende studie van de indische monumenten mij reeds de verklaring had doen gissen: ik bedoel de oorzaak van de verdwijning van het Boeddhisme uit Indië. Ik beschouw de oplossing van dit hoogst belangrijke vraagstuk als een van de gewichtigste resultaten mijner reis.

Het is algemeen bekend, dat het Boeddhisme, na zich uit Indië door geheel oostelijk Azië te hebben verspreid, na in China, in Tartarije, in Birmah, groote veroveringen te hebben gemaakt, na de negende of tiende eeuw onzer jaartelling is verdwenen uit het land waar het geboren was. Deze godsdienst, waartoe, heden ten dage vijfhonderd millioen menschen--dat wil zeggen, bijna een derde van de bevolking der aarde--behooren, wordt tegenwoordig nog slechts aan de twee uiterste grenzen van het groote indische schiereiland beleden: in Nepâl ten noorden en op Ceilon ten zuiden.

Daar de geschriften der Hindoes van deze verdwijning van het Boeddhisme geene melding maken, heeft men, tot verklaring van het feit, de toevlucht genomen tot de hypothese van bloedige vervolgingen. Maar ook al neemt men aan, dat de van nature zoo verdraagzame Hindoes tot godsdienstige vervolgingen zijn overgegaan, en dat deze vervolgingen--in strijd met hetgeen de geschiedenis schier overal elders leert--eene godsdienst hebben uitgeroeid, in plaats van haar aanhangers tot nieuwen ijver te prikkelen en haar uitbreiding te bevorderen; al neemt men deze onwaarschijnlijkheden aan, dan nog stuit men op eene andere moeilijkheid: hoe is het denkbaar dat in een land, in zoo verschillende koninkrijken verdeeld, al die vorsten eensklaps tot het besluit zouden zijn gekomen om de sedert eeuwen door hunne voorvaderen beleden godsdienst af te zweren en hunne onderdanen te dwingen eene andere godsdienst aan te nemen?

Zoodra ik mij ernstig ging bezighouden met de studie der oude monumenten van Indië, begon het probleem van het verdwijnen of liever van de transformatie van het Boeddhisme mij allengs duidelijker te worden; na mijn bezoek in Nepâl was het raadsel voor mij opgelost en besefte ik ten volle de onjuistheid der tot dusver gegeven verklaring. Na eene oplettende studie van de meeste belangrijke monumenten van Indië, ben ik tot dit besluit gekomen, dat het Boeddhisme eenvoudig daarom verdwenen is, omdat het zich langzamerhand weer heeft opgelost in de godsdienst waaruit het geboren was. Deze transformatie is zeer langzaam in haar werk gegaan; maar ten aanzien van een land dat geene geschiedbeschrijving kent, in welks historie wij nu en dan tijdvakken vinden van vijf of zes eeuwen waarvan wij volstrekt niets weten, ontbreekt ons ieder middel om begin, ontwikkeling en einde na te gaan van de verschijnselen, die ons eensklaps voor oogen treden. Wij verkeeren te dien aanzien in denzelfden toestand als de oude geologen, die wel de belangrijke veranderingen constateerden welke de verschillende lagen der aarde en hare bewoners hebben ondergaan, maar die niet konden nagaan wat tusschen die verschillende phasen lag, en ze daarom toeschreven aan geweldige plotselinge omkeeringen. Voortgezette studie en nauwkeuriger waarneming heeft ons evenwel geleerd, dat ook de grootste en ingrijpendste veranderingen slechts gaandeweg door eene reeks van bijna onmerkbare evolutiën zijn tot stand gekomen.

Wanneer men nu de bas-reliefs en de beelden, waarmede de monumenten van Indië als overdekt zijn, nauwlettend bestudeert, kan men daarin de geschiedenis der transformatie van het Boeddhisme duidelijk lezen. Zij toonen ons hoe de stichter eener godsdienst, die alle goden verachtte, zelf god werd, en na eerst in geen enkelen tempel eene plaats te hebben gevonden, eindelijk in alle tempels troonde; hoe hij langzamerhand samensmolt met de oude brahmaansche godheden; en hoe hij, die zich aanvankelijk zoo hoog boven deze talrijke godenschaar verheven had, stap voor stap een hunner werd, zoodat hij ten slotte niet meer was dan eene godheid van ondergeschikten rang, in niets onderscheiden van talloos vele anderen. Wil men weten, wat oudtijds het Boeddhisme was, dan moet men niet zoozeer de boeken, maar veelmeer de monumenten bestudeeren, en hetgeen zij ons leeren verschilt zeer wezenlijk van hetgeen sommige boeken ons trachten diets te maken. Die monumenten leveren het bewijs dat het Boeddhisme, hetwelk onze moderne geleerden als eene atheïstische godsdienst--eene _contradictio in terminis!_--voorstellen, integendeel in de hoogste mate polytheïstisch was.

In de oudste boeddhistische monumenten, die achttien tot twintig eeuwen oud zijn, zooals de balustraden van Bharkoe, Sanshi, Boeddha-Gaya, enz., wordt de groote hervormer slechts onder een of ander zinnebeeld voorgesteld. Men vereert den indruk van zijn voet, de afbeelding van den boom, waaronder hij de hoogste wijsheid deelachtig werd; maar welhaast zien wij den Boeddha zelf god worden en eene plaats innemen in alle heiligdommen. Aanvankelijk is hij alleen of zoo goed als alleen, zoo als in de oudste tempels van Ajoenta; maar gaandeweg verschijnen naast hem de voornaamste goden van het brahmaansche pantheon: Indra, Kali, Sarasvati en anderen, zoo als men dat zien kan in do boeddhistische tempels der monumenten van Ellora. Opgenomen te midden van den talrijken drom van goden, die hij weleer beheerschte, gold hij zelf, na verloop van eenige eeuwen, nog slechts als eene incarnatie van Vishnoe. Toen het zoover gekomen was, was het Boeddhisme in Indië dood.

Deze transformatie, die wij hier in enkele regels hebben aangeduid, heeft in werkelijkheid misschien meer dan duizend jaren noodig gehad om geheel tot stand te komen. De talrijke monumenten, die ons het verloop dezer evolutie te aanschouwen geven, dagteekenen uit het tijdvak, beginnende met de derde eeuw vóór en eindigende omstreeks de negende eeuw na Christus geboorte. Gedurende dit geheele tijdvak werd de Boeddha door zijne vereerders als een goddelijk wezen aangebeden. In de zoo talrijke legenden verschijnt hij in heerlijkheid aan zijne volgelingen en verleent hun zijne gunstbewijzen. De chineesche pelgrim Hioën Thsang, die in de zevende eeuw onzer jaartelling Indië bezocht om het Boeddhisme aan de oorspronkelijke bron te bestudeeren, verhaalt ons, dat hem in eene gewijde grot eene verschijning van den Boeddha te beurt viel.

De legenden en de monumenten verhalen met onmiskenbare duidelijkheid dezelfde geschiedenis; en zoo de studie van het Boeddhisme in de eerste plaats met hunne getuigenis rekening had gehouden, zou men zich omtrent deze godsdienst niet zulke verkeerde voorstellingen hebben gemaakt, als thans algemeen in zwang zijn. Ongelukkig genoeg, werd de studie der indische monumenten tot dusver door de europeesche geleerden zoo goed als geheel verwaarloosd. Zij die ons het Boeddhisme wilden leeren kennen, hadden voor het meerendeel nooit een voet in Indië gezet; zij hadden deze godsdienst uit de boeken bestudeerd; en een noodlottig toeval deed juist hunne aandacht vallen op de geschriften der wijsgeerige sekten, minstens vijf of zes eeuwen na den dood van Boeddha vervaardigd en ten eenemale vreemd aan de werkelijke praktijk dezer godsdienst. De metaphysische bespiegelingen, over wier diepzinnigheid de europeesche geleerden zich zoo verbaasd hebben, waren overigens alles behalve nieuw. Sedert de oude indische litteratuur beter bekend is geworden, heeft men diezelfde denkbeelden teruggevonden in de geschriften der wijsgeerige sekten en scholen, die in het brahmaansche tijdvak bloeiden. Het atheïsme, pantheïsme en pessimisme, de verachting van het individueel bestaan, de zoogenoemde onafhankelijke moraal, de opvatting der wereld als een ijdel schijnbeeld: al deze en dergelijke denkbeelden, welke de moderne philosofie ons als splinternieuwe waarheden wil aanpreeken, men vindt ze reeds in de wijsgeerige geschriften onder den algemeenen naam van Oepanishads aangeduid, waarvan men er ongeveer twee-honderd-vijftig kent, die uit zeer verschillende tijdperken afkomstig zijn. Men ontmoet in deze boeken volkomen dezelfde leeringen als in de wijsgeerige geschriften der Boeddhisten. Zij allen huldigen de leer van het Karma,--het grondbeginsel van het Boeddhisme evenals van alle andere godsdienstige sekten in Indië--volgens welke de toestand waarin de mensch in de toekomende phasen van zijn bestaan verkeeren zal, wordt bepaald door zijne handelingen in dit aardsche leven; welke leer ook de grondslag is der wetten van Manoe. Het einde van deze lange reeks van gedaanteverwisselingen is de oplossing van het individu in het hoogste algemeene zijn, in den Brahma, waarvan reeds Manoe spreekt, en die zeer na verwant is aan de boeddhistische Nirwana. Eerst als zij dezen eindpaal heeft bereikt, is de ziel van de wet der gedaantewisselingen verlost en houdt haar individueel bestaan op. En om dien hoogsten trap te bereiken, is het, volgens Boeddhisten en Brahmanen beiden, vóór alle dingen noodig, alle aardsche lusten en begeerten te onderdrukken, van de goederen dezer wereld afstand te doen en zijn leven in vrome overdenking en contemplatie van het eeuwige door te brengen.

De wijsgeerige theoriën van het boeddhistische tijdperk waren dus geheel dezelfden als van de voorafgaande brahmaansche periode. Maar zij zijn ook niets meer dan theoriën, wijsgeerige stelsels en bespiegelingen, die zich ontwikkelden met en naast de godsdienst, welke door de priesters geleerd en door het volk geloofd en in praktijk gebracht werd, doch die daarmede zeer weinig gemeen hadden. Deze theoriën voor het Boeddhisme zelf te houden, is volkomen dezelfde dwaling, als in de bespiegelingen van de Oepanishads de godsdienstleer van het Brahmanisme te willen zien, of--om een meer bekend voorbeeld te noemen--de grieksche philosofen te bestudeeren om de volksgodsdienst der Hellenen te leeren kennen. Daar het Boeddhisme aanvankelijk in Europa niet anders bekend was dan juist door de wijsgeerige bespiegelingen van sommigen zijner aanhangers, is men er van zelf toe gekomen om deze bespiegelingen voor de boeddhistische godsdienst zelve te houden. Toch had men behooren te bedenken dat godsdienst en wijsbegeerte twee zijn, en dat afgetrokken bespiegelingen nooit of nimmer de stof kunnen leveren voor eenige godsdienst, laat staan eene godsdienst, die niet minder dan vijfhonderd millioen aanhangers telt.

Dergelijke grove misvattingen zijn alleen verklaarbaar bij geleerden, die zich zoo zeer in de studie van boeken en stelsels hebben verdiept, dat zij het leven en de werkelijkheid uit het oog hebben verloren en de menschen niet kennen. Zoo zal waarschijnlijk, na verloop van twee- of drieduizend jaren, wanneer de zetel der beschaving zich zal hebben verplaatst en onze boeken en onze talen vergeten zullen zijn, een of ander geleerd professor, die tot de ontdekking is gekomen dat er in der tijd een engelsche taal heeft bestaan, en die de eerste de beste boeken vertaald heeft welke hem in die taal in handen zijn gekomen, als bij voorbeeld de First Principles van Spencer of de Origin of species van Darwin, den volke verkondigen dat deze boeken de uitdrukking bevatten der godsdienstige overtuigingen van de christelijke natiën der negentiende eeuw.

Een godsdienst zonder God! Het denkbeeld zelf is eene volslagen ongerijmdheid; maar gesteld, zoo iets ware denkbaar, dan nog moet men de Hindoes al zeer weinig kennen, om te onderstellen dat zulk eene godsdienst bij hen ingang zou hebben kunnen vinden. De Hindoe zou geen God erkennen! Maar de gansche wereld is in zijne oogen vol van goddelijke wezens. Hij aanbidt den tijger die zijne kudden verslindt, de slang die hem doodt door haar venijn, de spoorwegbrug door den Europeaan gebouwd, en, als het moet, den Europeaan zelf. Zoo gij daarop gesteld zijt, zal hij ten uwen pleiziere dien wonderlijken catechismus der Boeddhisten van het zuiden van buiten leeren, die onlangs met medewerking van zoogenoemd verlichte Europeanen is opgesteld, en waarin ge, onder andere fraaiigheden, ook lezen kunt, dat het heelal geen Schepper heeft, en dat de wereld niet anders dan eene schijnvertooning en het leven een benauwde droom is; maar ondanks al deze zinledige frasen zal hij de behoefte blijven gevoelen om zijn grooten Boeddha te aanbidden en met hem al de andere goden van dat pantheon, waarin hij als heerscher troont. Een der oudste boeddhistische boeken, de Lalita Vistara, omstreeks achttienhonderd jaar oud en dus ongeveer vijf eeuwen jonger dan Boeddha, bevat een zeker aantal vertoogen over de ijdelheid en onwezenlijkheid aller aardsche dingen; maar tot wie richt de Boeddha deze vertoogen? In de eerste plaats tot de goden, tot die ontelbare goden, van wie op elke bladzijde van het boek gesproken wordt en die, met Brahma aan hun hoofd, tegenwoordig zijn bij de geboorte van den profeet die op zijne beurt een god zal worden, hem overal vergezellen en eindigen met hem te aanbidden. Natuurlijk wemelt het boek van tegenstrijdigheden, maar voor den Hindoe bestaan die tegenstrijdigheden niet. Hij is ook geestelijk anders gevormd dan wij, en zijn denken gehoorzaamt aan andere wetten dan het onze. Er is geen enkel zijner boeken, van de antieke epopeeën de Ramayana en de Mahabharata tot de bovenbedoelde philosofische werken, dat niet overvloeit van de onmogelijkste tegenstrijdigheden. Men kan niet zoozeer zeggen dat de logika ten eenemale ontbreekt, doch het is eene echt vrouwelijke logika, die hare deductiën soms tot het uiterste doortrekt, maar die zich nooit om tegenstrijdigheden bekommert.

Wil men dus het Boeddhisme leeren kennen en begrijpen, dan moet men de wijsgeerige bespiegelingen laten rusten, die er zich wel aan vastgeknoopt hebben, maar die de godheid zelve ongedeerd laten, zonder welke de indische godsdienst, evenmin als eenige andere, bestaanbaar is. De Boeddha dacht er even zoo weinig aan, het brahmaansche pantheon ter zijde te zetten, als hij er-- in spijt van de zoo dikwijls herhaalde

bewering--ooit aan gedacht heeft, de kasten af te schaffen. Geen enkele hervormer zou het hebben durven wagen, aan dien hoeksteen, waarop het gansche gebouw der maatschappelijke organisatie van Indië rust, te raken. Het

29

nieuwe element, dat door den Boeddha in de oude aziatische wereld werd ingevoerd, was een geest van menschenliefde, die niet overtroffen werd. Nimmer was zuiverder en verhevener zedeleer nog den menschen verkondigd. Een uitstekend geleerde als Max Müller getuigt dit met groote bewondedering, zoo als trouwens menige zendeling het reeds vóór hem getuigd had. "De zuiverste zedeleer, zegt hij, die vóór de verschijning van het Christendom der menschheid werd onderwezen, werd verkondigd door mannen in wier oog de goden niets dan ijdele schaduwbeelden waren, door mannen die geen altaren oprichtten, zelfs niet voor onbekende goden." Deze getuigenis is zeer stellig onjuist, voor zoo ver de goden en de tempels betreft, want Indië is vol van de ruïnen dier heiligdommen; maar zij is volkomen waar ten opzichte der moraal. Geene enkele oude godsdienst had zoo zoeten en rijken troost voor alle schepselen, zoo diep en innig medegevoel met het menschelijk lijden. Zij heeft met brandende liefde naar de middelen gezocht om de menschen te verlossen,- -en en de menschen hebben naar hare stem geluisterd. Deze koningszoon, die een bedelaar wordt om deel te hebben aan de ellenden en het lijden des volks en liefde te prediken, is een der schoonste en aantrekkelijkste figuren van de geschiedenis of misschien van de legende. Overal waar de godsdienst, die naar hem wordt genoemd, is doorgedrongen, heeft zij de harten veroverd, en dat bovenal door de zachtmoedigheid, de liefde, de zelfverloochening harer predikers. Zij heeft de zeden van Azië verzacht en bloeddorstige barbaren tot vreedzame burgers gemaakt. De wilde Mongolen, die weleer pyramiden van menschenhoofden oprichtten, zijn niet het minst ook door haar invloed beschaafd en aan tucht en wet onderworpen.

Uit het voorgaande volgt van zelve, dat het Boeddhisme niets anders is dan eene ontwikkeling, eene evolutie van het Brahmanisme, waarvan het al de goden behield en slechts de zedeleer wijzigde. Vermoedelijk verliepen er eenige eeuwen, eer het zich merkbaar van de oude eeredienst onderscheidde; het is zelfs twijfelachtig of men het, gedurende langen tijd, als eene nieuwe eeredienst heeft beschouwd. Uit niets blijkt, dat Açoka zich voor den belijder en verkondiger van eene nieuwe godsdienst hield. In de vele godsdienstige edikten, die deze koning uitvaardigde en waarvan een vrij groot aantal tot ons gekomen zijn, wordt slechts zeer enkele malen van den Boeddha gewag gemaakt. Hij predikt de ruimste verdraagzaamheid jegens alle godsdienstige sekten; in het Boeddhisme zag hij vermoedelijk niet anders dan eene dezer sekten, die zich bovenal aanbeval door den geest van liefde en menschelijkheid, die den beroemden koningszoon bezielde, door de sekte als haar stichter vereerd. Zoo als wij zeiden, verdween het Boeddhisme langs natuurlijken weg, door zijne oplossing in het oude Brahmanisme; maar dat geschiedde niet zonder dat de godsdienst, waaruit het Boeddhisme geboren was, eene zeer wezenlijke verandering had ondergaan. In de landen buiten Indië, waar het vasten voet won, in Kambodja, Birmah en andere, bracht het Boeddhisme evenzeer het

30

brahmaansche pantheon mede; maar aangezien dat pantheon daar nooit geheerscht had, waren er ook geen brahmanen, die er belang bij hadden aan hun goden den ouden voorrang te hergeven, zoodat de Boeddha daar bij voortduring de hooge plaats bleef bekleeden, die hij in Indië weer verloor. Men heeft er lang over getwist, of de beroemde monumenten van Angkor boeddhistisch of brahmaansch waren, omdat men er zinnebeelden en symbolen vindt die aan de eeredienst van Boeddha en aan die van Siva zijn ontleend. De vraag zou geene vraag geworden zijn, indien de geleerden, die de monumenten van Kambodja hebben onderzocht, vooraf die van Indië en Nepal hadden bestudeerd: zij zouden daar geheel dezelfde vermenging van de beide eerediensten hebben aangetroffen. Zij zouden die trouwens ook hebben gevonden in een aangrenzend land, in Birmah. De heer Wheeler, vroeger engelsch ambtenaar in dat land, merkt op dat de Birmanen, die zoo als men weet Boeddhisten zijn, ook de vedische goden aanbidden, en dat de koning van Birmah brahmanen aan zijn hof heeft. Hij voegt daarbij dat de mongoolsche khans in de streken nabij het Altaïgebergte evenzeer de vedische goden aanbidden.

Uit al het gezegde blijkt ten duidelijkste, dat de diepe kloof tusschen het Boeddhisme en het Brahmanisme, waaraan men vroeger toen men het eerste alleen uit de boeken kende geloof hechtte, in werkelijkheid nooit bestaan heeft. Alleen uit deze vooropgezette meening omtrent de verhouding tusschen de beide godsdiensten, laat het zich verklaren, dat men geen oog heeft gehad voor de eenvoudige oplossing van het raadsel der verdwijning van het Boeddhisme in Indië. Een der scherpzinnigste waarnemers, die in Indië hebben gewoond, Hodgson, sprekende over sommige tot den Siva-cultus behoorende zinnebeelden, die men in de boeddhistische tempels van Hindostan vindt, geeft zich veel moeite om dit verschijnsel te verklaren. Men mag, zegt hij, geen oogenblik denken aan eene samensmelting tusschen de beide eerediensten, die, altijd volgens hem, even ver van elkander gescheiden zijn als de aarde van den hemel. Hodgson was toch, toen hij dit schreef, gezant van Engeland in Nepal, en hij had slechts om zich heen te zien, om te bemerken hoe telkens en telkens de boeddhistische en brahmaansche goden vreedzaam naast elkander zetelen in de tempels van het land waar hij woonde. Maar destijds beschouwde men de twee godsdiensten als in die mate principieel gescheiden, dat de gedachte aan eene samensmelting of gemeenschap tusschen haar bij niemand kon opkomen.

Om de juistheid van het boven gezegde omtrent de geleidelijke transformatie en de eindelijke oplossing van het Boeddhisme in Indië ten volle te bewijzen, zou men zich moeten kunnen verplaatsen in de negende eeuw ongeveer onzer jaartelling, of wel in een land, dat in een toestand verkeert, in hoofdzaak overeenkomende met dien waarin Indië zich destijds bevond. Dit nu is werkelijk het geval met Nepâl, mede een bakermat van het Boeddhisme, en

31

waar deze godsdienst het best weerstand heeft geboden aan de transformatie die haar overal bedreigde waar zij in aanraking kwam met het oude Brahmanisme. Nepal verkeert nog in dat tijdperk, waarin het Boeddhisme reeds vele brahmaansche bestanddeelen in zich heeft opgenomen, maar zonder zich nog geheel met het Brahmanisme te vereenigen. De hindoesche en boeddhistische goden zijn in de tempels van Nepal in die mate door elkander gemengd, dat het dikwijls onmogelijk is te bepalen, tot welke eeredienst een tempel behoort. Dit wordt trouwens ook erkend door de engelsche geleerden, die deze monumenten hebben bestudeerd, maar zij weten voor dat verschijnsel geene verklaring te vinden. Dit feit, dat ook inderdaad onverklaarbaar scheen zoo lang men niet voldoende aandacht had gewijd aan de studie der oude indische monumenten, verklaart zich echter van zelf, zoodra men deze laatsten nauwkeurig bestudeert. Dan blijkt het, dat diezelfde bijeenvoeging en vermenging van godheden zich, op een zeker tijdstip, overal heeft voorgedaan; en dan begrijpt men volkomen, hoe zelfs hindoesche geleerden dezelfde oude tempels nu eens aan de eene, dan weer aan de andere eeredienst toeschrijven. Dan kan men zich ook het schijnbaar zoo raadselachtige en zoo vaak voorkomende verschijnsel verklaren, dat boeddhistische en brahmaansche tempels, blijkbaar uit denzelfden tijd afkomstig, naast elkaar verrijzen. Denkt men zich terug in den tijd, toen de samensmelting der beide eerediensten op het punt stond voltrokken te worden, dan is er niets verwonderlijks in dat een indisch monarch zich jegens beiden even vrijgevig betoonde, juist zoo als een middeleeuwsch koning dit kon doen ten aanzien van kerken aan verschillende heiligen gewijd. Wij bezitten slechts een enkel reisverhaal betreffende Indië, afkomstig uit den tijd dien wij op het oog hebben: dat is het verhaal van den chineeschen pelgrim Hioën Thsang. Welnu, daarin vinden wij juist een indisch vorst, die ter gelegenheid van een feest, zijne gaven gelijkelijk verdeelt tusschen de toen heerschende eerediensten, die op den eersten dag geschenken uitdeelt aan de aanhangers van het Boeddhisme, en op den tweeden aan die van het Brahmanisme. Men was dus reeds zoo ver gekomen, dat de beide godsdienstvormen vreedzaam naast elkander bestonden en tot elkaar naderden: een tijdperk van overgang, dat door hunne volledige samensmelting gevolgd werd.

De beschouwing van den tegenwoordigen godsdienstigen toestand van Nepâl leert ons, hoe die samensmelting tot stand kwam. Reeds zeer vroeg werd het Boeddhisme in dit land ingevoerd; volgens de overlevering zou de Boeddha zelf hier zijne heilleer hebben verkondigd. Zooveel is in ieder geval zeker, dat de oudste boeddhistische manuscripten in de voormalige kloosters van Nepâl zijn gevonden. Mede volgens de overlevering, zou Açoka, de koning van Magadha, die in de derde eeuw vóór Chr. regeerde, een pelgrimstocht naar Nepâl hebben ondernomen om de tempels van Samboenath, Pashpatti en andere te bezoeken. Hij zou ook de stichter zijn van de stad Patan, waarvan de naam in het newari Lalita Patan is, eene verbastering van Patalipoetra, zoo als de hoofdstad van Açoka heette. Nepâl was dus een van de kweekplaatsen van het Boeddhisme, en de kerk bestaat hier sedert ruim tweeduizend jaar. Moge al de afgezonderde ligging van het land haar bewaard hebben voor de ontbinding die wij in het overige Indië hebben waargenomen, zoo heeft zij toch ook hier de transformatie ondergaan, die elders tot hare vernietiging geleid heeft. De bijzondere lokale omstandigheden hebben hier het ontbindingsproces slechts vertraagd; en juist aan dezen langzamen voortgang hebben wij het te danken, dat wij ons rekenschap kunnen geven van hetgeen het Boeddhisme in Indië omstreeks de achtste of negende eeuw onzer jaartelling was, toen de kerk hare oude kloosterlijke inrichting had verloren, toen de priesterlijke waardigheid weer erfelijk was geworden, en de oude, nooit geheel onttroonde godheden weder haar ouden rang hadden hernomen.

Boeddhisme en Brahmanisme zijn thans in Nepâl, als in het middeleeuwsche Indië, twee in naam onderscheiden godsdiensten, maar die elkander zoo goed verdragen en zoo nauw met elkander verwant zijn, dat hare aanhangers een zeker aantal tempels, godheden en feesten met elkander gemeen hebben. In plaats van, met sommige boeddhistische sekten, de eeuwigheid der stof on der haar inwonende krachten te leeren, vereert de boeddhistische kerk in Nepâl eene hoogste drievuldigheid, bestaande uit Adi-Boeddha, den hoofdpersoon, den vertegenwoordiger van den geest; Dharma, vertegenwoordigende de stof; en Sangha, den vertegenwoordiger van de zichtbare wereld, door de vereeniging van geest en stof voortgebracht. Deze drievuldigheid, welke reeds in de edikten van koning Açoka vermeld wordt, is zeer na verwant aan de brahmaansche drievuldigheid, Brahma, Vishnoe en Siva.--Op deze hoogste drievuldigheid volgen in rang de goden van het oude brahmaansche pantheon, Vishnoe, Siva, Ganesa, Laksmi en andere, die niet anders zijn dan openbaringen, uitstralingen van het hoogste goddelijke wezen. Hoewel afgedaald van den verheven rang, dien zij in de brahmaansche eeredienst bekleedden, staan zij toch nog hoog genoeg om recht te hebben op de aanbidding der stervelingen. De theoriën van de Boeddhisten van Nepal over de ziel der menschen verschillen niet wezenlijk van de oude brahmaansche leer. De ziel is eene emanatie van Adi-Boeddha en als zoodanig in haar wezen vlekkeloos rein; door hare vereeniging met de stof wordt zij in meerdere of mindere mate bezoedeld, de prooi van zonde en ellende--beiden zijn één--, en moet om hare reinheid te herwinnen, eene reeks van wedergeboorten ondergaan, om daarna weder in het goddelijk wezen, van waar zij uitging, te worden opgenomen. De verlossing van deze reeks van wedergeboorten, van dit individueel bestaan, door het verzinken in Adi-Boeddha, is het einddoel van het streven aller geloovigen. Het aantal en de aard van deze wedergeboorten hangt geheel af van 's menschen gedrag gedurende dit leven: zijne daden bepalen zijn toekomstig lot.

33

De voornaamste tempels van Nepal zijn aan Adi-Boeddha gewijd. In allen ziet men de boeddhistische drievuldigheid afgebeeld, onder de gedaante van beelden, met gevouwen beenen op lotusbladen gezeten. Boeddha heeft twee armen, Dharma en Sangha hebben er doorgaans vier. Dharma alleen, de godin der stof, wordt als eene vrouw voorgesteld. Voorts vindt men in de tempels de beelden van den stichter der godsdienst en van de Boeddha's, die hem zijn voorafgegaan; en daarna de goden van het hindoesche pantheon: Mahenkal, een der avatars van Siva; Kali, zijne echtgenoote; Indra, den koning des hemels; Garoeda, den god met den vogelkop; Ganesa, den god der wijsheid, met den kop van een olifant, en nog anderen. Deze laatste vooral wordt algemeen vereerd; men vindt zijn beeld aan den ingang van alle tempels, en alle boeddhistische ceremoniën beginnen met de aanbidding van deze godheid.

Is alzoo het Boeddhisme in Nepâl sterk met brahmaansche elementen vermengd, zoo heeft het Brahmanisme zich evenmin aan boeddhistische invloeden kunnen onttrekken. In de tempels aan Siva gewijd, vindt men zeer dikwijls den Boeddha afgebeeld; en een aantal heiligdommen, waarin godheden worden vereerd, die aan de beide eerediensten gemeen zijn, worden ook door de aanhangers van beiden bezocht. Dit zelfde verschijnsel openbaart zich in tallooze legenden en bij de godsdienstige feesten. Van sommige dezer laatsten zou men inderdaad niet kunnen zeggen, of zij boeddhistisch, dan wel brahmaansch zijn. De pelgrims bezoeken met even veel devotie en ijver de tempels der beide eerediensten.

Zoodanig is tegenwoordig de toestand van het Boeddhisme in Nepal. Op grond van het boven aangevoerde valt het niet moeilijk te voorspellen dat, eer twee of drie eeuwen verloopen zijn, de geheel verwereldlijkte boeddhistische kerk, even als voor ettelijke eeuwen in het overige Indië is geschied, ook hier zal zijn ontbonden en in het Brahmanisme opgelost. Het is zeer opmerkelijk dat de godsdienst van den Boeddha op den duur onmachtig is gebleken om zich in haar vaderland te handhaven, terwijl zij daarentegen--zij het ook in een vorm, zeer verre afwijkende van de oorspronkelijke gedachte des stichters,--hare heerschappij over honderden millioenen van niet-indisch ras heeft uitgebreid en tot dus ver behouden.

VI Het kastenstelsel is in Nepâl niet minder diep ingeworteld dan in het overige Indië, en dat zoo wel bij de Boeddhisten als bij de Brahmanisten. Het is eene algemeen verspreide en toch ten eenemale onjuiste meening, dat de Boeddha de afschaffing der kasten zou hebben geleerd. Wel leerde hij dat alle menschen, onverschillig tot welke kaste zij behooren, de verlossing deelachtig kunnen worden en door hunne daden hun toekomstig lot bepalen; maar verder ging hij niet. De boeddhistische geschriften van

Nepâl--de oudste die wij kennen--bewijzen onwedersprekelijk, dat het Boeddhisme nimmer het kastenwezen als maatschappelijke instelling heeft aangetast. Het stelsel wordt dan ook in Nepâl niet minder streng gehandhaafd dan elders in Hindostan. Voor een Nepalees staat het verlies zijner kaste gelijk met het verlies van alles wat hij heeft en is. Hij die van zijne kaste wordt ontzet bij vonnis van het hooge kerkelijke gerechtshof, dat met de behandeling van alle kwesties betreffende het kastenwezen is belast, verliest zijne familie, zijne vrienden en zijne maatschappelijke positie; hij verkeert vrij wel in denzelfden toestand als de geëxcommuniceerde in de middeleeuwen. In Hindostan heeft de ontzetting uit de kaste tegenwoordig geene strafrechtelijke gevolgen, al zijn de maatschappelijke gevolgen dezelfde gebleven; maar in Nepâl gaat zij met verschillende straffen, bepaaldelijk kerkerstraf, gepaard. In zeer ernstige gevallen kan de schuldige als slaaf verkocht worden; bij zijn dood wordt zijn lijk op het veld geworpen ter prooi der roofvogels en jakhalzen.

Het kastenstelsel is sedert omstreeks drieduizend jaren de hoeksteen, waarop het geheele maatschappelijke gebouw in Indië rust. Het is van zoo overwegende beteekenis, en deze beteekenis wordt over het algemeen zoo weinig begrepen, dat het inderdaad wel de moeite waard is, in korte trekken den oorsprong, de ontwikkeling en de gevolgen van het stelsel te schetsen. Een stelsel, waardoor een handvol Europeanen in staat wordt gesteld eene bevolking van tweehonderd-vijftig millioen zielen onder den duim te houden, verdient voorwaar wel de aandacht van den wijsgeer en den historiekenner. Hetgeen wij, op grond onzer persoonlijke waarnemingen, omtrent Nepâl gaan mededeelen, geldt trouwens even zoo goed voor geheel het overige Hindostan. Zoo als ik zeide, bestaat het kastenwezen in Indië sedert meer dan twintig eeuwen. Ongetwijfeld vindt het zijn oorsprong in de door langdurige waarneming verkregen kennis van de werkingen van de wet der erfelijkheid. Toen de blanke veroveraars, die wij met den naam van Ariërs aanduiden, in Indië doordrongen, vonden zij daar, behalve vroegere veroveraars van toeranischen oorsprong, eene zwarte bevolking, die zij aan hun gezag onderwierpen. De veroveraars zelven verkeerden in den overgangstoestand tusschen het nomadendom en het gezeten leven: zij waren half herders, half landbouwers, en gehoorzaamden aan vorsten, wier gezag alleen in toom werd gehouden door dat van de priesters, de tolken en bemiddelaars der goden. Hunne bezigheden splitsten hen van zelve in drie standen, die trouwens in elke geordende maatschappij worden gevonden: die der priesters of brahmanen, die der kshatryas of krijgslieden, en die der vaisyas, landbouwers, herders en handwerkslieden: deze laatste bestond misschien uit de afstammelingen der vroegere veroveraars, die door de Ariërs uit de heerschappij werden verdrongen.

Deze drie klassen of standen komen in hoofdzaak geheel overeen met onze oude standen: geestelijkheid, adel, derden stand. Het is trouwens de natuurlijke, organische indeeling der maatschappij in wat de Duitschers zoo juist _Lehr-Ehr-und-Nährstand_ noemen: eene in de orde der dingen gewortelde hiërarchie, die door de wetgevers van alle eeuwen werd geëerbiedigd. Beneden deze aristokratie stond de massa der oorspronkelijke bevolking, de dusgenoemde soedras, die natuurlijk verreweg de meerderheid vormden.

De ondervinding bewees weldra de nadeelige gevolgen eener vermenging van het hoogere ras met de lagere rassen; en zoodra men deze waarheid eenmaal erkend had, was het streven des wetgevers er van zelf op gericht, om die vermenging en daarmede de verbastering van het hoogere ras te beletten. "Een land waarin menschen uit vermengde rassen geboren worden, zegt de oude wetgever der Hindoes, de wijze Manoe, gaat te gronde, zoowel als zij die het bewonen." De uitspraak is hard, maar het is niet mogelijk hare juistheid te loochenen. De ondervinding heeft, in spijt van alle humanitaire gelijkheidsdroomen, geleerd, dat alle hoogere volken die zich met een te zeer beneden hen staand ras hebben vermengd, zijn verbasterd of in het lagere ras versmolten. Ik behoef mij slechts te beroepen op het voorbeeld der Spanjaarden in Amerika en der Portugeezen in Indië.

Doordrongen van het hooge gewicht dezer anthropologische waarheid, welke de moderne wetenschap boven allen twijfel heeft verheven, verzuimt de wet van Manoe--die sedert zoo vele eeuwen de grondwet van Indië is en die, even als alle wetten van vroeger tijd, het resultaat was van langdurige waarneming en ervaring, en niet de formuleering eener abstracte

theorie,--niets wat strekken kan om de zuiverheid van het bloed te verzekeren. Elke vermenging van de hoogere kasten met de lagere, vooral die der soedras, is op de strengste straffen verboden. Om deze laatsten van alle gemeenschap met de heerschende klasse uit te sluiten, worden geene bedreigingen gespaard: als de soedra met minachting van zijn meester sprak, werd hem met een gloeiend ijzer de mond verbrand; als hij luisterde naar de voorlezing der heilige boeken, werd hem kokende olie in de ooren gegoten. De vrucht van de verbintenis van een soedra met eene brahmaansche vrouw werd als een verworpeling beschouwd: volgens de wet van Manoe moest hij de straten en riolen reinigen en de krengen begraven, met wier vleesch hij zich voeden mocht. De soedra kende slechts plichten en geen rechten; hij kon zich zelfs niet aan zijn toestand onttrekken, want, zegt Manoe, "wie kan hem bevrijden van de wet, door de natuur zelve gesteld?" De eenige hoop voor hem was, althans volgens de mildere opvatting van den Boeddha, dat hij na zijn dood in een beteren stand kon worden herboren.

Maar in den loop der eeuwen moesten deze geduchte bolwerken toch, uit den aard der zaak, op menige plaats worden doorgebroken. Hoe laag ook geplaatst door hare kaste, behoudt de vrouw, hare verlokkende bekoorlijkheid. Trots het verbod van Manoe, greep de vermenging van rassen toch veelvuldig plaats; en het is niet noodig, lange jaren in Hindostan vertoefd te hebben, om te bespeuren dat de bevolking van alle standen tegenwoordig zeer gemengd is. Het aantal personen wier blanke kleur bewijst dat hun bloed zuiver is gehouden, is zeer gering. Het woord kaste, in de oorspronkelijke beteekenis opgevat, is thans niet meer, als in het sanskriet, synoniem met kleur; en zoo het kastenstelsel zich op niets anders kon beroepen dan op de boven aangegeven ethnologische gronden, dan zou het geen reden van bestaan meer hebben. Feitelijk zijn de oorspronkelijke onderscheidingen tusschen de kasten als rassen sinds lang verdwenen. Maar daarvoor zijn andere onderscheidingen in de plaats getreden, waarvan de oorsprong elders te zoeken is dan in het verschil van ras- -met uitzondering altijd van de brahmanen, wier bloed betrekkelijk nog het zuiverst gebleven is.

Doch ook bij de latere oorzaken, die het kastenwezen in stand hebben gehouden, speelt het beginsel der overerving een overwegende rol. Naar het oordeel van den Hindoe, worden aanleg en bekwaamheid door overerving voortgeplant: de zoon moet dus, als het ware krachtens de natuurwet, het beroep van zijn vader volgen, omdat hij ondersteld wordt daarvoor de meeste geschiktheid te hebben. Daar het beginsel van de erfelijkheid der beroepen algemeen is aangenomen, volgt daaruit het ontstaan van even zoo vele kasten als er verschillende beroepen en bedrijven zijn: het aantal kasten in het hedendaagsche Indië bedraagt dan ook eenige duizenden. Met elk nieuw beroep of bedrijf wordt tevens eene nieuwe kaste geboren. Een Europeaan, die zich in Hindostan komt vestigen, bemerkt al spoedig hoe talrijk die kasten of gilden zijn; hij ziet zich toch daardoor verplicht, een groot aantal personen in zijne dienst te nemen, want ieder van zijn bedienden weigert hardnekkig iets anders te doen dan datgeen wat de wet zijner kaste hem vergunt. Nooit zal de kok, die uwe spijs gereed maakt, er in bewilligen om het noodige water te gaan halen ten einde het eten te koken; de palfrenier, die trouw de de paarden verzorgt, zal voor geen goud den stal aanvegen. De geringste ambtenaar is op die wijze wel genoodzaakt, een dozijn bedienden er op na te houden, waar een of twee Europeanen meer dan voldoende zouden zijn.

Bij de twee genoemde oorzaken van het ontstaan en het behoud van het kastenstelsel--het rassenverschil, dat tegenwoordig weinig beteekenis meer heeft, en het beroepsverschil, dat nog zeer grooten invloed

uitoefent,--voegen zich nog de staatkundige ambten en het verschil van geloofsbelijdenis.

De kasten, door het bekleeden van staatsambten ontstaan, kunnen gerangschikt worden onder de beroepskasten of gilden; maar de kasten voortspruitende uit het verschil van godsdienstige overtuiging vormen eene afzonderlijke groep. In theorie, dat wil zeggen volgens de boeken, behoort de geheele bevolking van Hindostan tot twee of drie groote godsdiensten: Brahmanen en Mohammedanen, voorts Boeddhisten, Christenen, enz. Doch in de werkelijkheid is het geheel anders, en bedraagt het getal der godsdienstige sekten misschien ettelijke duizenden. De oorspronkelijke godsdiensten, waaruit deze sekten zijn ontstaan, zijn zoo onbepaald, zoo weinig duidelijk omschreven en zoo rekbaar, dat bijna allerlei meeningen en opvattingen daarin plaats kunnen vinden zonder de schijnbare eenheid te verbreken. Zij zijn te vergelijken bij de takken van een boom, die allen onderling verschillen, zonder dat de boom waaruit zij spruiten daarom ophoudt dezelfde boom te zijn. Nieuwe goden, die eenvoudig voor incarnaties van oude goden doorgaan, ontstaan en verdwijnen om zoo te zeggen elken dag; en hunne aanhangers vormen weldra eene nieuwe kaste, niet minder exclusief dan de reeds bestaande.

Twee hoofdregelen zijn er, die voor alle leden eener kaste gelden en hen scheiden van allen die buiten, vooral die beneden staan: eerstens, dat de leden eener kaste slechts met elkander mogen eten; ten tweede dat zij uitsluitend onder elkander mogen huwen. Deze twee voorschriften zijn onverbrekelijk, en het eerste niet minder dan het tweede. In Hindostan zult ge honderden brahmanen aantreffen, die postjes bekleeden bij de posterijen of de spoorwegen, tegen eene bezoldiging van vijf-en-twintig francs per maand, of zelfs die als bedelaars rondzwerven. Maar die ondergeschikte beambte, die havelooze schooier, zal liever sterven dan aan te zitten aan de tafel van den onderkoning van Indië; en de machtigste rajah, zoo hij tot eene lagere kaste behoort,--want men kan koning zijn en toch tot eene lagere kaste behooren, getuige de rajah van Gwalior,--zal van zijn olifant afstijgen om hem te groeten.

De hoedanigheid van brahmaan is erfelijk, even als de adeldom in Europa, en is volstrekt niet synoniem met de priesterlijke waardigheid, zoo als men vrij algemeen gelooft, omdat de priesters uitsluitend uit de kaste der brahmanen genomen worden. Men wordt brahmaan geboren, zoo als men bij ons baron of graaf geboren wordt. Deze titel, die tegenwoordig veel van zijne waarde verloren heeft, was vroeger zoo hoog geacht, dat zelfs het bezit eener koninklijke kroon ter nauwernood voldoende was om naar de hand te mogen dingen der dochter van een brahmaan. Wij zien dat in het drama van Sakontala, omstreeks de vijfde eeuw door Kalidasa geschreven; als Doeshanta, de koning van Hastinapoera, Sakontala ontmoet, vraagt hij zich met eenige ongerustheid af of zij soms niet tot de kaste der brahmanen zou behooren, in welk geval hij haar niet zou kunnen huwen.

De regels en bepalingen, die het kastenwezen in stand houden, missen onder het engelsche bestuur alle legale sanctie; maar zoodanige sanctie is ook niet noodig: het door de eeuwenoude traditie gewijde en overgeleverde stelsel is zoo diep in de gemoederen geworteld, zoo geheel in het leven ingeweven, dat niemand daartegen in verzet komt. De gronddenkbeelden, waarop het stelsel rust, zijn in merg en bloed der Hindoes overgegaan; zij worden met hen geboren en beheerschen al hun denken en gevoelen. Een Hindoe zou liever sterven dan de wet zijner kaste schenden. Een magistraatspersoon aan de kust van Orissa verzekerde mij, dat tijdens den jongsten hongersnood, duizenden inwoners dier streek van honger gestorven zijn, omdat zij geen rijst wilden aannemen die door Europeanen was toebereid. Zij die, door honger gedwongen, eindelijk deze spijs gebruikten, vormden nu eene nieuwe kaste, waarvan de leden wederom slechts met en onder elkander kunnen eten en trouwen. Toen de indische regeering het plan vormde om inlandsche troepen naar Soedan te zenden, was een van de moeilijkste en lastigste vraagstukken dit: hoe men elk regiment van den noodigen voorraad en het noodige materieel zou voorzien, zoodat de soldaten van de verschillende kasten afzonderlijk hunne spijzen konden bereiden en afzonderlijk eten. Ik bevond mij destijds in Hindostan, en men behoefde slechts een oog in de dagbladen te slaan, om te bespeuren, hoezeer deze vraag de gemoederen bezig hield. Een verzuim op dit allerbelangrijkst punt zou de ernstigste gevolgen kunnen hebben: was niet eene dergelijke nalatigheid, indien al niet de oorzaak, dan toch stellig de aanleiding tot dien geduchten opstand der sipayers, die Engeland bijna op het verlies van zijn indisch rijk was te staan gekomen?

Door zeer verschillende oorzaken, die wij niet allen kunnen opnoemen, kan iemand zijne kaste verliezen; daaronder is een der voornaamste het aannemen van spijs en drank, al ware het ook slechts een glas water, uit handen van iemand van lager kaste. Toen Jang Bahadoer van zijne reis naar Engeland in Nepal was teruggekeerd, ware hij bijna gevallen als het slachtoffer eener samenzwering, die voornamelijk hierin haar grond had dat, aangezien hij met vreemden had moeten eten, hij zijne kaste verloren had.

Het kastenwezen is in Indië zoo machtig, zoo zeer saamgeweven met het denken en gevoelen, het geheele leven des volks, dat alle veroveraars het onaangetast hebben gelaten niet slechts, maar ook zelven zijn invloed ondergaan. De Muzelmannen hebben het in de praktijk, in meerdere of mindere mate overgenomen, hoewel het in strijd is met de eerste beginselen hunner godsdienst. Ook de Engelschen hebben het overgenomen, en dat wel in veel sterker mate dan een oppervlakkig beschouwer der indische toestanden wel meenen zou. Ongetwijfeld hebben zij het beginsel niet in hunne wetboeken geschreven; maar de engelsche maatschappij vormt metterdaad eene niet minder streng afgesloten kaste dan eenige andere in Hindostan. Even als de leden van andere kasten, eten en huwen zij uitsluitend met en onder elkander. De tijd ligt verre achter ons, waarin engelsche ambtenaren inlandsche vrouwen trouwden. De Europeaan die zulk eene verbintenis aangaat,--een uiterst zeldzaam voorkomend

geval,--wordt door de maatschappij in den ban gedaan en vindt alle deuren voor zich gesloten. Een gewoon soldaat zou zich door zulk een huwelijk onteerd achten. "Zoudt gij een uwer manschappen vergunnen, eene hindoesche vrouw te trouwen?" vroeg ik eens aan een engelsch kolonel, met wien ik te Benares dineerde.--"Ik zou het hem niet kunnen beletten, antwoordde hij, omdat de wet het niet verbiedt; maar ik geloof niet dat het een mijner manschappen ooit in de gedachte zal komen, zulk eene vergunning te vragen."

Deze volstrekte scheiding tusschen de nieuwe veroveraars en het volk dagteekent eerst uit den laatsten tijd; vóór een dertig, veertig jaar waren huwelijken tusschen de beide rassen volstrekt niet zeldzaam. Het gevolg echter van deze verbintenissen was het ontstaan van eene anglo-indische, zoogenaamd eurasiaansche bevolking, die al de gebreken der Hindoes heeft, zonder de deugden der Engelschen te hebben geërfd: een ras zonder traditie, zonder geschiedenis, zonder moraliteit, dat door Europeanen en Hindoes beiden even diep wordt veracht. Daar zij eigenlijk geene plaats in de maatschappij heeft, zou deze bevolking een ernstig gevaar voor de indische regeering kunnen worden, indien zij niet onverbiddelijk tot wegkwijnen en uitsterven scheen gedoemd.

Het verkeerde en verderfelijke van zulke verbintenissen--dat de Ariërs oudtijds zeer goed hadden begrepen en dat bij hen den grondslag legde voor hun kastenwezen,--hebben ook de Engelschen op hunne beurt eindelijk leeren inzien; en aangezien dezelfde oorzaken steeds dezelfde gevolgen hebben, zijn ook zij, ondanks hun humanitaire theorieën en al schreven zij haar niet in hunne wet, feitelijk moeten komen tot die volstrekte scheiding tusschen het heerschende en het onderworpen ras, die eene onvermijdelijke anthropologische noodzakelijkheid schijnt te zijn, wanneer de twee rassen onderling te veel verschillen. Zoo is er tusschen de beide volken een kloof ontstaan, die de Engelschen door alle middelen trachten in stand te houden en onoverkoombaar te maken. In alle groote steden van Indië is de europeesche wijk, het kantonnement, zooals het heet, op vrij grooten afstand gelegen van de inlandsche stad, en niet dan bij uitzondering zal men in deze laatste Europeanen ontmoeten. Zelfs op de spoorwegen zijn de Europeanen en de inlanders volkomen gescheiden. Zeer zeker hebben de inboorlingen, althans in theorie, evenzeer recht als de Engelschen op het bekleeden van de hoogste ambten, en sommigen brengen het ook inderdaad zoover, vooral in de rechterlijke macht; maar ook dan bepaalt zich de aanraking tusschen beide klassen tot het ambtelijk en officieel verkeer. De europeesche maatschappij blijft ook voor hen onverbiddelijk gesloten. Vooral ten aanzien van de ongelukkige Eurasiërs, de bastaardteelt van Europeanen en Hindoes, laat het kastenvooroordeel zich in al zijne strengheid gelden. Mij zijn te Parijs portugeesche bankiers, met hindoesch bloed in de aderen, bekend, die daar in alle salons ontvangen worden, en die, in Hindostan, buiten de twee of drie half-europeesche metropolen, nimmer aan eene engelsche tafel zouden worden toegelaten, ja zelfs niet in tegenwoordigheid van een Engelschman zouden mogen gaan zitten.

Ik ben niet geroepen om over dit stelsel een oordeel te vellen, maar bepaal mij eenvoudig tot de mededeeling van de door mij waargenomen feiten. Men oordeelt noodzakelijk oppervlakkig en eenzijdig, en dus valsch, wanneer men dergelijke eeuwenoude instellingen uit een bloot theoretisch oogpunt gaat beoordeelen. Zij hebben alle omwentelingen overleefd; en haar macht en invloed moet wel groot zijn, dat zelfs een der beschaafdste volken van de wereld, hoewel in theorie, van den kansel en de tribune, in de pers en in de boeken al dergelijke instellingen veroordeelende, niettemin metterdaad het stelsel onvoorwaardelijk in praktijk brengt. Dit is niet de minst te waardeeren vrucht van het reizen, dat wij leeren begrijpen, dat de volken hunne maatschappelijke en staatkundige instellingen niet naar willekeur kunnen kiezen, maar dat die de noodzakelijke vrucht zijn van de geaardheid, van het ras, van de omgeving, van de historische ontwikkeling. Door hooger dan menschelijke macht bepaald, leidt iedere poging om ze ter zijde te zetten en naar eigen willekeur te vervangen, nooit tot iets anders dan tot verwarring, ontbinding en eindelijk tot ondergang.

Dank zij de afgezonderde ligging van hun land, die hen tegen de muzelmansche overheersching vrijwaarde, en het weren van allen europeeschen invloed, hebben de Nepaleezen hunne eeuwenoude zeden en gewoonten schier ongeschonden bewaard. Vooral geldt dit van de Gorkhas, de afstammelingen van Hindoes, die, om zich aan de mohammedaansche heerschappij te onttrekken, de wijk namen naar de ontoegankelijke valleien van Nepâl.

Het voedsel der Nepaleezen is hetzelfde als in Hindostan, met dit onderscheid evenwel dat het gebruik van vleesch er zeer algemeen is, althans onder de gegoede klasse. Schapen- en geitenvleesch, gevogelte en wild verschijnen dagelijks op tafel. De armsten leven van rijst en eenige groenten. De meest algemeene drank is water, zooals trouwens in geheel Indië. Echter bereidt men ook een alkoholischen drank, rakhi genoemd, die uit rijst en meel wordt gestookt; dronkenschap is evenwel eene hooge uitzondering. Het gebruik van thee, die uit Thibet wordt ingevoerd, is zeer algemeen.--De kleeding der mannen bestaat uit een soort van tuniek of kiel van witte of blauwe katoen. Aan den gordel hangt altijd de geduchte koekhri, een wapen dat bepaaldelijk in Nepâl inheemsch is en dat zoowel wordt gebruikt om hoofden af te houwen, als om hout te hakken en biefstuk te snijden. De vrouwen dragen, behalve de tuniek, nog een jakje. Als alle hindoesche vrouwen, zijn zij overladen met sieraden: halskettingen, armbanden, oorhangers, ringen in den neus, bloemen in het haar, en andere fraaiigheden van dien aard. Zij verschijnen in het openbaar zonder sluier; zelfs zag ik in sommige dorpen winkels, die door vrouwen werden gehouden.

In Nepal bestaat nog de slavernij. Elk vermogend man heeft een groot aantal slaven, die tot zijn huisgezin behooren; men schat hun aantal in het geheele land op minstens veertigduizend. Velen zijn als slaven geboren; maar anderen waren aanvankelijk vrij en zijn wegens een of ander misdrijf, met name wegens overtreding van de wet der kaste, als slaaf verkocht. De prijs van een slaaf bedraagt twee- à driehonderd, die van eene slavin drie- à vierhonderd francs. De slaven worden over het algemeen zeer goed behandeld, en zijn, zoo als trouwens in alle oostersche landen, tevreden met hun lot.

De rechtsbedeeling is in Nepal veel eenvoudiger en veel minder omslachtig en langdradig dan in Europa; daar advokaten hier weinig in tel zijn en men van hunne tusschenkomst in den regel geen gebruik maakt, is het te onderstellen dat de rechtspraak minder dan elders ontaardt in een wedstrijd van behendigheid tusschen spitsvindige debaters. Sedert de hervormingen van Jang Bahadoer wordt de doodstraf alleen voor de volgende misdaden toegepast: doodslag van een mensch of eene koe--vooral van eene koe--verraad en desertie.

De heilige koeien spelen eene zeer gewichtige rol in Nepâl; de koning en zijne ministers worden niet in die mate vereerd als deze dieren. Wie, zelfs onwillekeurig en bij vergissing, eene koe verwondt, wordt gestraft met levenslange gevangenis. De koeien kuieren dan ook ongehinderd rond door de straten, zonder dat iemand het waagt ze aan te raken. De soldaten der lijfwacht, die mij vergezelden wanneer ik de drukke straten van Khatmandoe doorkruiste, deelden, om ruim baan te maken, rechts en links onder de saamgepakte menigte slagen uit; maar wanneer wij eene koe ontmoetten, gingen zij eerbiedig uit den weg. De engelsche gezant vertelde mij eens, dat de eerste minister hem met den meesten nadruk had aanbevolen, alle vijandelijke aanraking met koeien te vermijden. "Een mensch te dooden", zeide hij, "beteekent in Nepâl niet zoo veel en heeft niet zulke slimme gevolgen; maar mijne macht zou te kort schieten om het leven te redden van iemand die eene koe gedood had."--Ik begreep toen ook, waarom de engelsche gezant mij, in een zijner brieven, zoo ernstig had gewaarschuwd geen koeien aan te randen of te wonden. Die waarschuwing had mij toen zeer verbaasd, en ik had daarop geantwoord met de stellige verzekering, dat ik, hoewel geen lid van de vereeniging tot bescherming der dieren, nooit in mijn leven eene koe eenig letsel had gedaan. Toch is de waarschuwing in Indië te minder overbodig, omdat de koeien zeer bepaald vijandig gezind zijn jegens de Europeanen.

De familie is hier vrij goed ingericht, althans bij de Gorkhas. De vaderlijke macht is onbeperkt, de moeder wordt door hare kinderen met eerbied bejegend. Ook na hun huwelijk blijven de zonen in het ouderlijk huis, tot de vermeerdering van hun gezin hen noodzaakt eene eigene woning te vestigen. De huwelijksbanden zijn, in tegenstelling van de Gorkhas, die ook in de eerbiediging van het huwelijk hun indischen oorsprong verraden, bij de Newars, in wie het thibetaansche bloed de overhand heeft, zeer zwak en los. Even als bij alle Hindoes, heerscht echter ook bij de Gorkhas de veelwijverij; desniettemin verstaan zij op het punt van huwelijkstrouw geen gekscheren, en boet de overspelige vrouw haar misdaad met levenslange kerkerstraf. De vrouwen schijnen over het algemeen veel van haar echtgenooten te houden, althans te oordeelen naar het feit, dat nog altijd een aantal weduwen zich met het lijk van haar man laten verbranden. Zelfs Jang Bahadoer is niet geslaagd in zijne poging om dit gebruik af te schaffen; na zijn dood lieten drie zijner vrouwen zich met hem verbranden.

Bij de Newars is de huwelijksband veel losser dan bij de Gorkhas. De vrouw kan van haren man scheiden wanneer zij wil. Zij heeft daartoe niets anders te doen dan een betelnoot onder het hoofdkussen te leggen, waarna zij, zonder verdere formaliteit, de echtelijke woning kan verlaten. Bij dezen stand van zaken is echtbreuk eene kwestie van ondergeschikt belang.

43

CONTENTS

I 2

II 7

III 14

IV 21

V 25